营销进化

走出营销中的十大误区

陈秀铭 ◎ 著

MARKETING EVOLUTION
OUT OF THE TOP 10 MARKETING MISTAKES

企业管理出版社
ENTERPRISE MANAGEMENT PUBLISHING HOUSE

图书在版编目（CIP）数据

营销进化：走出营销中的十大误区 / 陈秀铭著. —北京：
企业管理出版社，2023.11
ISBN 978-7-5164-2969-3

Ⅰ.①营… Ⅱ.①陈… Ⅲ.①营销管理 Ⅳ.①F713.56

中国国家版本馆CIP数据核字（2023）第199630号

书　　名：	营销进化：走出营销中的十大误区
书　　号：	ISBN 978-7-5164-2969-3
作　　者：	陈秀铭
责任编辑：	张　羿
出版发行：	企业管理出版社
经　　销：	新华书店
地　　址：	北京市海淀区紫竹院南路17号　邮　　编：100048
网　　址：	http://www.emph.cn　电子信箱：504881396@qq.com
电　　话：	编辑部（010）68456991　发行部（010）68701816
印　　刷：	三河市荣展印务有限公司
版　　次：	2023年11月第1版
印　　次：	2023年11月第1次印刷
开　　本：	710mm×1000mm　1/16
印　　张：	15.5
字　　数：	178千字
定　　价：	68.00元

版权所有　翻印必究·印装错误　负责调换

前　言

　　有的营销人在营销中往往付出与收获不成正比，甚至还经常受到顾客的误解与刁难，而有的营销人却左右逢源，做得风生水起。营销里到底蕴含了什么样的玄机，为什么不同的营销人在营销过程中收获迥异？

　　要想破解这个问题，仅仅从那些所谓营销宝典里可能找不到你想要的答案。营销学大都是从正面讲解营销要领，它起的作用是在营销行为之前的引领，并没有走在营销队伍后去发现营销人在实际营销中的"出列"现象。本书通过对现实营销活动的"抽丝剥茧"，试图找出那些与营销理念相悖的点滴，进行归纳总结，让大家从主观上意识到自己曾经一不留神犯下的"忌"，也就是营销中的误区，然后对这些误区做出修正纠偏。

　　成为一个合格的营销人，一是要学习好营销的理论知识，二是要在实践中善于发现、善于思考、善于总结。随着社会的发展，无论营销形式怎样变化，其基本的营销理念都没有脱离人际之道，因为营销总是人与人打交道，亘古不变。营销需要在实践中总结，需要在阅历中凝练，更需要源于自然的悟性。

那么，本书要讲解的是理论，是实践，还是悟性呢？仁者见仁，智者见智。在你心中萦绕的烦恼和困惑，原本就是一层淡淡的雾，也许你会随着书中呈现的脉络，一步步地走出曾经的迷茫，迎来希望的晨曦。营销的套路就像一层薄薄的窗纸，一旦捅破，就会让人幡然醒悟。

没有营销的大师，只有营销的成功。本书是由我多年来在营销工作中的点滴感悟汇集而成，当你阅读以后，如果能获得像蝴蝶效应一般的启发，便已实现了我的初衷。

目 录

▶▶▶ **误区一：营销找错了人**

一、对营销目标缺乏有效的筛选 / 003

二、不善于捕捉客户的消费习性 / 007

三、选不准客户群，就找不到营销的发力点 / 010

四、没有营销到客户的心里去 / 012

五、不能强行"拉郎配" / 015

六、粗放的营销考评体系是导致营销目标偏离的祸首 / 017

七、即使选错营销对象，也要学会"放长线" / 020

八、炼就营销目标识别的"火眼金睛" / 023

▶▶▶ **误区二：低估客户的智商**

一、强行引导扭转不了客户的思维 / 029

二、浮浅的营销说辞感染不了客户的心 / 032

三、"围追堵截"不是逼客户"入瓮"的法宝 / 034

四、小恩小惠成不了"大鱼"上钩的诱饵 / 037

五、要小聪明容易颠覆信誉的根基 / 039

六、要学会以诚相待 / 041

七、走出"买家没有卖家精"的怪圈 / 043
　　八、要学会换位思考 / 045

▶▶▶ **误区三：被过度热情带乱了营销的节奏**
　　一、热情有度是赢得客户好感的加分项 / 049
　　二、热情失度会让客户疑窦丛生 / 051
　　三、稳健的节奏体现出营销人的品位 / 054
　　四、乱了营销节奏容易失去掌控力 / 056
　　五、营销节奏常被过度的热情带偏 / 058
　　六、热情是促成交易的必要条件而非充分条件 / 061
　　七、有底气、不做作，稳控营销节奏 / 063

▶▶▶ **误区四：夸大商品，是在自掘"掩埋信誉的坟墓"**
　　一、商品夸大营销，反会弄巧成拙 / 069
　　二、提升消费者的期望值是营销者在为自己"挖坑" / 072
　　三、"离谱"的宣传只会落下笑柄 / 075
　　四、切忌营销中的"崇洋"之风 / 077
　　五、对商品的短板不可遮遮掩掩 / 080
　　六、粉饰商品、误导客户，不是真正的营销技巧 / 083
　　七、要学会驾驭客户的思维，不能强行引导 / 085
　　八、物以稀为贵 / 087
　　九、要让商品"坦诚"地走进客户的心 / 089

▶▶▶ **误区五：找不准自己的位置**
　　一、营销中舍弃不掉的"官本位"思维 / 095
　　二、走不出"权力至上"的情结 / 098

三、追求品位，想得到偏偏又失去 / 101

四、不能照搬照抄"狼性文化" / 105

五、营销潜力挖掘不能无限制 / 107

六、走出营销行为中模糊思维的困境 / 110

▶▶▶ **误区六：总想榨干所有的利润**

一、"斤斤计较"不等同于精打细算 / 117

二、商品定价不能太机械 / 120

三、误认为薄利多销中的盈利弥补不了利薄的欠收 / 124

四、一碗绿豆汤的奥妙 / 128

五、贪婪是营销路上的陷阱 / 130

六、不能总想榨干所有的利润 / 133

▶▶▶ **误区七：以己之心度客户之腹**

一、自以为最热情的语言营销却无法打动客户的心 / 141

二、自以为靓丽的形象营销却无法吸引客户的眼球 / 146

三、以自己的生活习性和思维方式来推测客户的行为偏好 / 148

四、商家永远不要说"为了回馈广大消费者" / 151

五、中秋月饼的纠结 / 152

六、不要把广告发错了地方 / 155

七、难以揭开的假象 / 158

八、不要小看客户的逆反心理 / 161

九、学会换位思考 / 164

▶▶▶ **误区八：把讲诚信当成一句口头禅**

一、诚信被利益绑架 / 173

二、在诚信上"闹乌龙" / 175

三、把诚信当噱头 / 177

四、诚信被打折 / 179

五、诚信被冷落 / 181

六、误导客户是失信的花样翻新 / 183

七、蹚过了大江大河，却在小河沟里翻了船 / 185

八、诚信输在起跑线上 / 188

九、要把诚信视作营销的灵魂 / 190

▶▶▶ 误区九：营销的目光只有五步之遥

一、"掠夺性"营销会造成客户流失 / 197

二、缺乏科学的考核机制是营销短期行为的始作俑者 / 200

三、急功近利，只见树木不见森林 / 204

四、利益重复收割成为营销的"篱笆墙" / 207

五、营销有时是为了钩住"回头客"的心 / 209

六、欲擒故纵，需放手时且放手 / 211

七、昨天·今天·明天 / 214

▶▶▶ 误区十：错把客户当作上帝

一、把客户当作上帝，上帝也会被惯坏 / 221

二、把客户当作上帝是一个伪命题 / 224

三、是谁把银行拉下了神坛 / 228

四、商品买卖中没有"上帝"插足的空间 / 231

五、把客户当作朋友才是"人间正道" / 235

后　记 / 239

误区一:
营销找错了人

有的营销人身处川流不息的人群里，却找不到为商品"埋单"的客户；有的营销人在谈笑风生之间，就把商品销售了出去。不同的营销人，营销的结果却有天壤之别，究其原因，是营销找错了人。营销不能"大水漫灌"，而是要善于根据自己的商品特点寻找相应的客户群，一个人的精力是有限的，目标不加选择地普遍发力，与大海捞针别无二致。作为一个合格的营销人，要尽量做到精准营销，在让你目不暇接的人海里，识别出哪些才是适合自己营销的客户。

一

对营销目标缺乏有效的筛选

在营销过程中，如果对营销对象缺乏思考，没有对他们的身份、职业、收入、消费习惯等进行仔细分析评估，结合商品的特点对营销对象做一个初步的预测，针对所营销的商品筛选出哪些客户最有可能产生购买的冲动、哪些客户与所营销的商品无缘，就很有可能费时费力却达不到预期的效果。

先来看营销推广会上的一幕。

手机铃响了，客户打开手机，另一头传来了一个甜美的声音："××哥，你今天下午有空吗？想让你来听听课，只要到了每个人都会有礼品，好吗？"

客户也懂得其中的潜规则，现在好多商家的推销方式都是以讲课的形式来招徕人，并且以熟识的关系户为"抓手"，每个营销员都有一定的名额要求，这是硬性指标，但这个指标"硬"到什么程度，客户作为局外人难以说得清。碍于面子，客户不好拒绝，无奈地答应了。

营销进化
走出营销中的十大误区

下午客户准点到达。一进门，只见会场内的人熙熙攘攘，气氛非常热烈。营销员把客户领到中排靠左的位置，并把他介绍给先行来到的几位客人，显然，这些都是同一个营销员约来的。过了十多分钟，台上来了一个顶着一大堆头衔的人，宣讲的序幕拉开了，讲的什么？原来是推销日用品，其中最显眼的是钢锅铝锅清洗剂和牙刷。讲解人不断地做着示范，无论多脏的锅，用钢丝球沾着清洗剂一擦就锃光瓦亮；牙刷是特制的，虽然贵了点，但能用好几个月，可以顶几个牙刷用。

一场会下来，这几个被约来的客户却没有一个人下单。什么原因呢？这些人虽然都是大客户，但他们几乎没有在家里做过饭，还有的做生意一年四季很少在家。至于牙刷，有的单位经常发，有的经常在外，宾馆都有，用不着再另外带一个。

那么，营销员的问题出在哪？她找错人了。她找的都是一些"有头有脸"的人，她可能认为只有这种人才舍得花钱，实际上这是一个错误的认识，因为这些人并不是适合其产品的客户群。她应该以"谁最需要这种商品"作为客户细分的依据，而最需要这些商品的，恰恰是那些恨不得把一分钱掰成两瓣花的所谓"穷人"，准确一点来说，是那些善于精打细算过日子的人。

所以，在营销时一定要先做好客户细分。客户细分就是根据自己的商品特质选择营销目标、以顾客需求的不同划分客户群的过程。任何一种商品，都具有自己特定的属性，它不可能满足所有的客户，因为不同的客户之间存在需求的差异性，客户群细分就是以"消费者为中心"理念的体现。营销一种商品，如果识别不出客户的需求差异，那么无论你多么卖力，也难以找到"发力点"。市场是由不同特质的

误区一：营销找错了人

商品与需求千差万别的人群所构成，一个成功的营销者，要学会洞察秋毫，把准市场的脉搏，把不同特质的商品与不同需求的客户一一对应，把它们联结起来，这个过程也叫精准营销。

商品与市场对路，不是一种抽象的对应关系，而是在各个有效的营销环节里排兵布阵，谁能在这个阵仗里摸索出"用兵"规律，谁就会在这个竞技场里游刃有余。商场如战场，如果没有敏锐的观察力与缜密的思考力，就会错失商机，被别人捷足先登。

具体来说，在商品营销中，首先要选好营销对象，也就是准备把商品卖给哪一类人群。比如，家具销售想拓展农村市场，首先要了解、知悉他们偏重什么样的品质，是结实耐用还是材质美观，然后依照不同的特点提供商品。商家决不能一味地根据自己的喜好来打制产品，最后造成商品滞销。

如果所销售的商品是既定的，由于原料、技术等条件限制，或者是规模批发，只能生产出固定的商品种类与质量档次，或者只能批量购进某种规格的商品，营销人就需要按照自己商品的特性和购进的商品特质寻找客源，有针对性地营销；如果商品不对路，就要按照客户需求改进自己的商品结构，修正进货渠道。

在黄河岸边的一个村落里，有一个有名的"能人"，他的雕刻技术近乎达到了炉火纯青的程度，但他经营的是家庭小作坊，买不起名贵木材，于是用桐木做了一大堆床柜桌椅，雕刻了精美的花鸟图案，最后却几乎一件都没卖出去。价格高了人家不买，因为是桐木的，给人感觉材质偏差，而价格低了他又不卖。农村对于普通家具讲究的不仅是美观，更要结实耐用，城里人讲究的一是工艺，二是材质，但他的家具材质既不符合农村人的要求，又不符合城里人的标准，最后只能落得个生意惨淡。

　　生产什么样的商品，要看市场的需求，市场决定了商品的属性，只有在细分客户群的基础上了解了客户的需求，才能决策商品取向。某单位经常定制西服作为工装，那么，商场里衣架上挂的西服、模特身上套的西服都很养眼，为什么他们不买现成品，还要定制呢？这是因为大部分人穿上都不合体。如果从市场营销角度来说，就是产品没有跟着市场走。衣服不是挂着让人看着养眼，而是要让客户穿在身上满意，弄不清这个问题，就谈不上精准营销。

　　所以，客户细分是识别目标客户的基础，只有准确识别目标客户，营销才能事半功倍。市场细分有利于发现市场机会，有利于选择目标市场，有利于制定市场营销组合策略，有利于提高竞争能力，有利于提升顾客的忠诚度。客户细分就是市场细分的体现形式，形象地说，就是营销人要找对营销的对象。

一

不善于捕捉客户的消费习性

捕捉营销目标要做好客户细分,但如果客户细分的方法不恰当,也达不到客户细分的效果。

1. 客户细分要学会动态地分析消费群体

用动态的观点观察分析客户群,是因为所有的事物都是一直在变化的,这种"变"也许就是一种新的潜在市场的诞生。大学课堂上,老师讲市场营销课时举了这么一个例子,他说,曾经有一个营销人员到新疆考察沙发的营销前景,结果他去了之后发现,新疆的居民家里大多铺的是地毯,不坐沙发,因此预判沙发在当地没有销路。而另一个营销员去了新疆,发现这个情况后,却断言沙发在当地有广阔的销售前景,他的判断依据是新疆的沙发市场饱和率几乎是零。

再比如,银行信用卡业务的营销,也往往存在目标客户群划定的不清晰问题。信用卡营销和贷款营销的客户依据不尽相同,贷款的目标选择是看其资金实力以及发展潜力、盈利水平等，信用卡的目标选择主要是看对方的稳定性。

某银行信贷部门考察了一个高速项目，经过调查，发现这个贷款项目切实可行，既符合国家的发展规划，预测利润又非常可观，信贷部门决定为其投放一笔大额贷款，这个高速项目公司很快也就成了各家银行的黄金客户和竞争目标。但是，该公司的法人代表、财务老总、项目经理准备申请银行高授信额度的信用卡，是不是符合准入条件呢？从银行的宏观决策角度来看，黄金客户的管理层办理信用卡没什么不妥，但从信用卡业务独立审批人的视角，则需谨慎发卡。一是信用卡属于私人金融产品，与申请人单位没有关联性，二是管理层人员的变动性大，这两个原因决定了营销的安全系数不可预估性，风险防控压力比较大。

这里并不是说这些公司高层管理人员一定存在潜在的金融风险，而是想说明在营销对象的选择上，不能只以客户身份来权衡营销的可行性。在对客户的细分中，要动态地看待经常变化的客户，不但要看客户的今天，还要前瞻客户的明天。

2. 客户细分要充分考虑商品的适销对路

客户细分要紧紧结合自己商品的特点，要充分考虑自己营销的商品与客户需求的对应关系，再进一步地说，要充分考虑销售的人群、地点和销售氛围。

比如，一个销售两性用品的门店，本来开在一个小街道，生意还不错，由于长期在此经营，很多人已对该店的位置熟记在心，该店经营辐射的范围内已有了一批忠实的顾客。后来店主觉得这个街道有点偏僻，位置不太起眼，想让生意再迈上一个台阶，于是把店面搬到了一个客流量较大的地下商业街，但从此生意一落千丈。究其原因，一是这里的门店是开放式的，每家门面的整个墙体都是玻璃镶嵌，相邻两家又是一层薄薄的简易隔离板墙，一路之隔的对面是同样的商家布局，如果一个人在某一店面买东西，从多个角度都会看得一清二楚，两性用品私密性很强，谁又好意思在众目睽睽之下买那种不宜曝光的商品呢？二是整个地下商业街由于所经营商品的倾向性，百分之八十以上的顾客都是年轻女性，试想她们会自己出面购买这类商品吗？

所以，这次搬离店面，也是店主的一个重大营销失策。

营销进化
走出营销中的十大误区

三

选不准客户群，就找不到营销的发力点

市面上一度出现过很多"十元管饱"的大锅菜门店，依据各种信息或报道，这些大锅菜的生意都很火爆。据品尝过大锅菜的客户反馈，尽管不像报道所说的那样香气四溢，但生意火爆的宣传确实没有掺水，他们到过的大锅菜店前都是门庭若市。其原因在于，商家准确地抓住了客户的心理：一是实惠，菜的成本不高，就是常见的白菜、粉条、猪肉、丸子等，一顿才十元钱，无论哪个阶层的人都消费得起；二是接地气，现在人们的生活水平高了，大鱼大肉吃腻了，吃一些农家味，更能感受到菜肴地道的香韵与原始情结。

这些大锅菜饭馆定位于大众消费群体，用饭菜的廉价与农家味的特色构成了新的卖点，吸引了大批的个体劳动者与工薪阶层，生意面对明确的客户群体，经营非常成功。

在某市有一个小吃市场，饭馆的店面都不大，里面是用隔板隔开的简易小包间，坐四个人不挤，坐两个人空间也不算浪费，来此消费的顾客络绎不绝。这片饭馆名声很大，远道而来的客人不在少数，因

为以湖北风味为主，所以人们统称它为湖北饭庄。这里的生意之所以如此火爆，就是商家抓住了一部分消费群体的心理，一是饭味确实做得很地道、很可口，二是价格很亲民，大众都能消费得起，三是最重要的一项——小包间。现在的饭店档次一般处在消费的两极，要么是开放式的，大厅里放着一排排的桌子，适合快餐式的消费；要么是贵宾式的，一个个豪华包间，装修得一家比一家高档。高档装修的饭店，确实满足了一部分人聚餐、招待客人的需求，但是它们的包间通常是六人以上的桌子，如果只有两三个人进包间，一是空间浪费，二是显得空空荡荡，稀释了聚会的气氛。而在现实中，有相当一部分顾客，他们约了一两个熟知的人，不需要使用豪华包间，就是想找一个私密空间简简单单地吃一顿饭，在吃饭间谈一些不宜在公众场合谈论的话题，这个小吃市场正满足了这部分人的需求。

湖北饭庄经营成功的秘诀，就是抓住了顾客的心理，找准了餐饮消费中这一层次的消费群体，包括谈恋爱的年轻人、谈私事的工薪阶层、普通的社交请客等，因此迅速火了起来。

细分客户群，作为商家应注意三点：一是经营的商品有什么特质，适合哪些人用，也就是说有哪些人最可能愿意购买，然后照此细分，去分门别类地对客户进行营销，这也叫作有的放矢；二是将客户分为几种消费类型，然后依据不同的消费特点，去生产适应客户需要的商品；三是根据客户的分类，观察市场的现状，看哪些商品或服务已经饱和、哪些还处于空档、哪些还有潜在的发展空间，瞅准机会，抢占先机，在竞争中取胜。

四 没有营销到客户的心里去

在营销中总有一些人会"碰钉子",这主要是因为他们对客户的个性化识别缺乏研判的能力,营销没有抓住客户的感应点。

"我行刚开放熊猫币40周年精制金币的预约,是国家法定货币,发行量也特别少,我这里只有两个预约名额,您如果要的话,请抓紧把身份证后六位数字发给我,我帮您预约。"

这是某银行营销人员给客户微信群发的一个信息,但其营销效果并不理想。

原因之一,现在是信息高度发达的年代,一个人发,两个人发,多个人发,客户很可能会收到多条一模一样的信息,信息一旦"撞车",就失去了它的个性魅力。

原因之二,同样的信息也会让客户不自觉地进行对比,从中发现信息内容的纰漏,比如信息中的"只有两个预约名额"显然失真,容易让客户产生排斥心理。

原因之三,本条信息忽略了人员推销与广告推销的区别,实际上这条信息是一个广告,这样的广告不适宜让每个人在朋友圈中各自推发,而应该以适当形式统一发布比较好。

朋友圈里发的营销信息最好要有点"个性",让客户耳目一新并产生亲和感,从而引起其与自己互动的兴趣;如果在朋友圈里发广告,就会淡化那种朋友般的感觉,降低朋友圈的存在价值。

而且,如果想对你所熟知的同学、朋友、亲戚、同乡等进行营销,决不可"大水漫灌",而要一一进行推发,对每一个人发的内容,最起码要让对方感觉到你是对他一人发的,再进一层,让他感觉到你推销的同时,也伴有温暖与关怀。只有让他感受到了你对他的尊重,才能让他产生心理上的共鸣,兴许会产生购买的欲望。

我们都听说过推销保健品的,有一些老人每天早上被忽悠去听课,并"免费"领取所谓包治百病的药品。有些人看到后大受启发,也与他人合伙邀请一些熟人朋友组织了一场"培训会",甚至还请了远道而来的"大师"做讲课老师。在"培训会"上,讲课老师手舞足蹈振振有词,把一个再普通不过的商品讲得天花乱坠。但是,讲课人欠考虑的是,在座的受邀听众,他们的职业不同、爱好不同、品位不同,讲课者的讲解不可能让每一位听众对讲解的商品都产生兴趣。有些人的时间充裕,只要有礼品,就豁得上成晌地熬,而有些人的时间很宝贵,他是不会为买一件商品有这么大耐性的。所以,如果无差别地对不同的人使用同一种营销手段,那么注定会失败。

在营销课程中,讲解推销的灵活性时,是这样说的:由于推销人员与顾客直接联系,当面洽谈,因此可以通过交谈与观察了解顾客,进而根据不同顾客的特点与反应,有针对性地调整自己的工作方法与营销策略，以适应顾客并诱导其购买。

实际上，有些理论性的东西在我们读过的书中大致都有相关的描述，问题是一些营销人员并没有认真地领会、消化，并学以致用。总之一句话，在商品营销中，必须学会抓住客户的心。

五

不能强行"拉郎配"

在营销中不能普遍撒网,那么,如果选好了商品需求对路的客户,他又迟迟不下单该怎么办?作为营销人,瞄准了目标只能尽力攻坚克难,但决不能强行"拉郎配"。

某女士建立了一个微信群,把所有的亲朋好友都拉了进来,群名叫作"谊通物语"。大家起初不知道她建这个群的目的,都还挺高兴,觉得可以在群里广交朋友,可是慢慢地发现不对头,群里都是她发的水果土特产一类的图片。刚开始还有人问问,逐渐地就没有了声音。因为这位女士规定,不许发广告、不许私聊、不许用语音等,这样谁还吭声?她见群里太死寂,就开始发红包,总共发出去的金额是一毛,一个红包发十份,起初还有人抢,后来也懒得抢了。现在,她仍锲而不舍地天天在群里发那些鲜艳的水果图片,但无人搭腔,只有她一人独语。

某楼盘开始售楼,开发商规定,买房必须买车库。买房者议论纷纷,许多人都不愿意买车库,有几个原因:一是嫌价格贵,本来买房的钱款都是多方筹措的,再买车库,又是一笔不小的开销;二是有的人还没有买车,甚至根本就没打算买车,买车库何用;三是没有车库,露天一样能停,买车库需要额外开支20多万元,在一个四五线城市,如果按一般家庭用车的档次,可能顶得上两三辆车的费用了。但开发商就是如此规定的,房子又不得不买,只能换个楼盘再看看。

现在有个怪现象,排队买房的人买不到房,不排队的消费者却到处碰到楼盘营销人,当然了,那些搭配卖车库的楼盘,营销人吆喝得最响。楼盘捆绑卖车库并不是明智之举,对消费者来说,这就是在强行"拉郎配"。这种营销方法不仅绊住了消费者消费的心,也捆绑住了楼盘营销者营销的手脚。

误区一：营销找错了人 ▶▶▶

六

粗放的营销考评体系是导致营销目标偏离的祸首

营销的着力点在哪里，不仅取决于营销人对客户群的识别，而且还要受制于营销的考评体系。如果营销考评体系过于粗放，营销人就会在考评界定的区间内，把营销目标偏向花费精力少的环节或区域，这样就有可能导致投入产出比的目标质量下滑。

举个例子。从中原某城市出发的一个看房团，要到山东沿海某新兴城镇看房，管吃管住，全免费，一趟下来，一车人却没有一个客户下单，为什么？请看看组织者刚开始是怎么游说的："哥呀，我三番五次地给您讲了，知道您不准备买房，您只要去了就行，我这月的任务实在完不成，会被扣工资的，我们的工资是按照带去看房的人头来考核的，只有奖金与售房多少挂钩。我不奢望拿多少奖金，只是想保住工资，不然我可要喝西北风了。"出于对她的同情，客户勉强答应了。后来客户在车上与其他人私下交流，情况基本相同，当然也有个别人是抱着希望"天上掉馅饼"的心态去"淘宝"的。以此手段营

• 017 •

销，效果不尽如人意是显而易见的，问题的症结就出在考评上。

正确的考评应该是以售房多少来定工资奖金，只是把基础工资相应提高就行了，即使营销业绩不佳，也要保住职工的饭碗。这样，营销时就会对看房人进行初步分析，选择性营销，而不是草草地认为"捡到篮子里的都是菜"，结果投入的精力与金钱不少，房子卖出去的寥寥无几。

对营销对象进行筛选时的正确做法应该是：在与客户取得联系的基础上，再进一步地沟通。若是年轻人，就可以询问他的就业情况与未来的人生目标，是不是与大海有缘；若是中年人，则可以探听他的职业、家庭人员、资金实力，有无可能在海边投资；若是老年人，也可看看他的身体健康状况，是想在海边住，还是想投资，有没有儿女的牵扯等。在做好这些基础工作的前提下，再根据他们的意愿决定是不是与其商议看房事宜。这样组织起来的看房团，即使达不到满载而归，也决不会颗粒无收。诚然，拉人头营销的本意是想让去参观的人在潜移默化中产生购买的冲动，但也要深知客户的思想"燃点"并不如磷，一擦就着，这毕竟是一套上百万元的大件物品，并不是一棵大白菜。

在这方面做得过头的还有某些金融机构，其考核指标的制定通常是从上而下一条线，下垂到基层，往往"飘离"实际情况，致使一些次要指标上位、主要指标弱化，突不出重点，大量精力投入部分效益甚微的工作中，甚至出现倒贴。在这些有争议的指标中，有的是出于战略竞争考量，但也有的是出于误判，致使成本无法收回，造成资源浪费，对组织的整体发展无益。

作为企业，盈利需求是它们的共性，不盈利的企业，规模上得再快也只会走到一条死胡同。企业的盈利水平是由企业内的各项盈利子目组成的，任何一个子目的亏空，都会成为数学横式中的减数。所以，企业的考评体系，无论是什么样的架构，都少不了四个基本要素，一是盈利水平，二是员工工资，三是上缴的利税，四是发展潜力的培育。欠缺其中任何一项，都不算是一个健康的企业，不是一个有发展潜质的企业。企业的业绩必须囊括这四个要素，用这四个要素来评价管理者的管理水平，来考核企业的发展有无未来。

考评体系是一个指挥棒，只有建立了精细的考评体系，激励机制才能发挥最大的效能，营销目标才可能有正确的选择，飞奔的电车才能契合蜿蜒的轻轨。

七

即使选错营销对象，也要学会"放长线"

一旦选错了营销对象，就无法找到客户的购买点，所推销的商品就不会被客户接纳，这种情形在营销中是家常便饭。而不同的营销人处理的方法也不相同，聪明的营销者会变被动为主动，放长眼光，采取恰当的策略以便将来与客户再续前缘。

比如，营销员向一位客户推销空调，没有成功，原因是客户的房子被别家电器公司捷足先登了，三个卧室一个客厅都安装完毕，于是他向客户游说想让客户把抽油烟机也更换了，可是客户不同意，说抽油烟机安装的时间并不长，营销员又试着推销其他电器，都没有说动客户。很明显，他的营销对象选错了，在这种情况下就要放手了，但聪明的营销者不会忽略一个哲理，所有的可能也许就存在于不可能之中，就看你是不是会挖掘，能不能施展你的魅力，把自己的言谈举止变成一团发酵粉埋在客户的心中。一个营销员在客户光临时无论如何热情都不一定能激起客户的兴奋点，但在客户放弃购物转身离开的时候，却最能体现出成熟营销者的职业素养与人格魅力，也许一句得体的话、一个友善的神态，就会让客户在心中长久地记住你。

于是，这位营销员又问客户："他们安装空调后，有没有给您托雨垫呢？"

"什么是托雨垫？"客户问。

"就是仿草软垫，雨落在空调上不会溅到墙上。"说完，她便送给了客户几个托雨垫。

也许营销员自己都没有发现，这时对方已经成了自己的潜在客户。

不久之后，这位客户又帮孩子买了一套房。他没有购买原来商家的电器，而是换了这个营销员推销的空调及其他电器。如果当初营销员在营销不成功的情况下，没有做足"放长线"的工作，那么也就没有了这一令人满意的结局。

所以，当认识到自己选错了客户时，最重要的是千万不能出现"僵局"，否则不仅营销不成功，还会伤害了友谊。在这里，应注意以下两点。

一是不能"死缠烂打"。比如，你向熟人推销摇摆机，如果你把商品说得神乎其神，很可能会让你的熟人抹不开面子。买吧，不相信它"包治百病"的功能，几千元一台实在是不划算；不买吧，又觉得让你下不来台。如果在他犹豫的当儿，你继续"穷追猛打"，加力推销你的商品，那么即使他最后把商品买了，你们之间建立的信任可能也从此坍塌了，从此他就会对你敬而远之。再比如，一个卖保健品的女士，给一位朋友打电话，为了能把朋友吸引过来，她声称让他来听课。朋友接到电话后，马上明白是在搞推销，于是推脱起来：求求你甭让我听课了，我就怕听课，在单位开会太多了，一听开会学习的事儿头就大。她立即接上了话茬，"是吗？那说明你的脑子有问题了，你过来吧，我就是销售保健品的，可以治疗失眠、头疼等多种疲劳症和精神抑郁症。"这样，就会把朋友逼到墙角，让朋友无路可退。不给人留余地，这是一种不厚道的推销方式，针对熟人朋友使用"死缠烂打"的方法，会很容易让友谊的桥梁断裂。

二是学会给熟人砌台阶。在推荐商品时，对方如果不买，他本来已经有点抹不开情面，这个时候，你就要学会淡化推销行为，把话题引到其他的事物上，让对方感觉推销商品只是随机的，你并不是把赚钱看得那么重。这样对方就会忘掉刚才拒绝购买带来的尴尬，而且对方认为你不看重那件事，说明你的推销带来的利润是微薄的，这样他就会放弃戒备之心，为你将来再次营销埋下伏笔。

营销选择了错误的目标，不代表就是一盘死棋。要学会笼络人心，把不可能变成可能。天下人都是我的客户，就像打牌，只是先出哪一张的问题而已。

误区一：营销找错了人

八 炼就营销目标识别的"火眼金睛"

怎样走出大水漫灌的误区，是每一个营销人首先需要研究的课题。打靶需要先瞄准，只有瞄准了靶心，才能做到有的放矢，才能在营销这个看不见硝烟的战场上胜人一筹。

1. 要自觉地吸收知识营养

首先，吸收知识营养能丰富自己的文化素养。常言说"打铁还需自身硬"，作为一个营销人，"自身硬"的源泉就是富有的文化知识。人们在日常生活中，常会遇到由于文化知识贫瘠导致与人交往或想做成一件事情时捉襟见肘的例子，比如在谈及年轻人找对象的时候，人们常说，不要只看她模样长得俊不俊，有的人虽然长得俊俏，但张口说不了几句话，就露出了她文化欠缺的"马脚"。可见人的文化素养高低，会影响到生活和工作的方方面面。

在市场营销中，更需要用知识来充实自己，不能在与人的交往

营销进化
走出营销中的十大误区

中，说不了三句话，就让人看透你缺少文化素养。作为一个营销人，缺少文化素养，不单单是你的讲解不到位，而且会让人降低对你的好感度。在营销中，不只是商品本身需要营销人读懂弄通，营销人在营销过程中必备的"文化附加值"，也一定会影响客户对自己的综合评分。营销过程中获得的客户印象分，是营销人知识积累的外在体现。知识就是最强大的力量，它会让人产生极大的魔力，让他人不由自主地循着自己的思维向有利的方向发展。这就是加强学习的必要性，谁认识到这一点，谁就能捷足先登。学习可以分为两个阶段，一个人在走向社会前的文化造诣，也就是上学时学到的既有的文化知识，这是相对固定的；再就是在工作岗位上和社会生活中对知识的日积月累，以及从社会经历中获得的那种后知后觉的感悟。这两个阶段的学习都一样能提高自己的知识素养。

其次，掌握必要的知识能提升自己的道德修养。道德修养来自知识在大脑中的潜移默化，同时也是一个人对事物认知的升华。道德修养是与人交往中必备的基本素质，好的道德修养会让人自然迸发出一种无往不利的人格魅力，会让人感受到一种愉悦的光芒。

有个人到一家公司去面试，在竞争对手云集的面试现场，他之所以能脱颖而出，就是依靠其道德修养中渗出的人格魅力。当他走进面试办公室的门口时，发现地面有一个废弃的纸团，马上弯下腰，捡起纸团丢进了垃圾篓里。面试官看到了这个小细节，从而推断他一定会在今后成为工作的楷范，于是录取了他。

身为一个营销人，时时处处都在与人打交道，在与人打交道的过程中，合作者及消费者会把营销人的一举一动与所推销的商品联系起来，从中品评商品的质地、衡量商家的诚信。

2. 要学会观察客户的消费行为

作为一个营销人，首先要熟练掌握自己所营销商品的特性，依据商品特性来判断商品适合哪类客户群体，其次要学会观察客户的消费行为，依据不同的消费行为来分门别类，根据不同的消费群体，找出自己的营销对象。

某一品牌商场，里面的摊位都是专卖女装的名牌专柜区，它们的衣服庄重大气，质地高档华贵，非常适合职业女性穿着，一度吸引了大量的白领阶层前来光顾，虽然价格不菲，但来此购物的人也络绎不绝。近几年，随着市场的发展，商场的生意开始慢慢冷清起来。其中一个名品专柜，经过市场调查，发现所销售的衣服风格不太适合年轻一族，且价格略显昂贵，导致一些赶时髦的年轻人很少光顾。于是他们改变了衣服的风格，以薄料为主，质地由原来的"垂"变为"飘"，颜色以鲜明的大黑大白为主，价格比原来更加亲民。这样，他们虽然失掉了一部分原来的顾客，但得到了更多年轻人的青睐。这就是以市场细分为基础，通过观察发现社会群体的习性变化，分析划分不同的群体，然后通过计算机会成本，最终做出的营销抉择。

社会在变化，人们的生活习性也在改变，作为营销人，也要学会在社会发展中不断地摸索、分析与研判，对消费人群进行科学的分类，在不断变化的环境中掌握市场发展规律，紧跟消费理念变化的脚步，尽可能地提高营销成功率。

3. 要善于观察思考

营销就是与人打交道，与人打交道就要学会观察判断人的思想理念与心理变化，逐渐走进客户的内心世界，从而掌握营销的主动权。

人的思维就像电脑的软件，对电脑软件的操作不是多安装一个螺丝或者按一个字母键就能完成的事情，而是需要一定的编程来控制。想要促使人的思维发生变化，需要营销者用自己的思想和智慧去影响、去感染，以心换心。这是一个复杂的过程，需要营销人知识与情商的融合，要善于观察、善于思考。只有善于观察思考的人，才能把准别人的脉搏；只有善于观察思考的人，才能做到知己知彼；只有善于观察思考的人，才能在与人打交道时游刃有余；只有善于观察思考的人，才能在营销的过程中掌握主动权。

在营销中，看穿了客户的心理，才能练就火眼金睛，有了火眼金睛，就能在营销中找准目标，以最少的时间成本获取最大的利益。

误区二：
低估客户的智商

也许有些营销人从主观意识上并没有认为自己低估了客户的智商，但在营销实践中，却往往做出了"忽悠"客户的事情，这从客观上来说就是对客户智商的低估，是一种很不明智的行为。

误区二：低估客户的智商

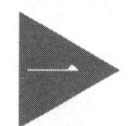

一

强行引导扭转不了客户的思维

营销人往往有一个错觉，在营销中先入为主，把自己的思想强行灌输给客户，以期让客户的消费理念朝向自己有利的方向转化，从而认可自己营销的商品卖点。营销人这种一厢情愿的营销方式，成功的不多，因为他忽略了客户的智商，偏执地认为客户会按照自己的思路去感同身受，最终接纳自己强力推销的商品。一旦头撞南墙，才发现客户有其自己的思维方式、有其自己的消费行为偏好，对于彼此陌生或可能仅有一面之交的双方来说，营销人对客户心理的揣摩又怎么能一下做到清澈见底？

某开发区的楼盘营销员，遍布全国多地。在 P 市设置的售卖点，一个售楼员加了客户的微信，不久就在微信里与客户相约免费看房事宜，在他的再三劝说下，客户勉强答应了。

到了临近开发区的公路上，售楼员指着一望无际的庄稼地说，这部分也是规划的未来开发区。然后，把一车人直接拉到了开发区规划图东北角标识的一个售楼部，售楼员一盯一对客户进行讲解推销。

在委派的售楼员反复劝说无效的情况下，售楼部又派出第二个人，继续对客户进行思想灌输，不惧口干舌燥。如果客户还不签单，就再换第三个人，轮番"轰炸"。除了吃饭时间，要求客户都不能出销售大厅，声称如果擅自走出大厅，被主管看到，会影响营销人员的考核业绩。整个大厅内熙熙攘攘，都是来自天南海北的看房团成员，商家采取的都是一样的策略。经观察，整个大厅客户签单"砸蛋"（签单的可砸蛋抽奖）的寥寥无几。

在售楼员与客户的交谈中，客户说得最多的一句话就是"到时再来看看"，都是想以后带家人开车来转转，浏览一下开发区的整体规划，感受一下当地的风土人情。看得出售楼员很无奈，又很茫然。在这个大厅里，人们看到的只是楼盘模型，足不让出户，又怎能领略开发区的整体规划，如果只让在大厅里看墙上张贴的市区规划图，又何必千里迢迢跑到现场来看。可是开发商把客户关在大厅里，像软禁一样，他们错误地认为只要圈住客户的人，就会把楼盘卖出去。

其实，营销的正确做法应该是让客户乘坐大巴车到处转转，浏览一下开发区的整体开发情况，评估一下开发区的发展前景。客户乘车在开发区界内的公路上经过时，也远远看到了已经建起的部分市区，只是没机会去观赏那里鳞次栉比的高楼大厦。客户都知道远近闻名的某个景区就在这里，只是没机会去一睹它的芳容，为什么楼盘营销人员不安排，因为他把观景与销售楼房两件事孤立地看待了，认为公司管车管吃不是把客户请来观景的，而是售房的，观景是付出，只有售房才是收获。他们把客户拉过来圈起来，总怕客户"飞"了，这是在强行引导客户的思维，殊不知，客户的思维又怎么能强行引导得了？这可不是小品里卖拐人一忽悠就能把客户忽悠到轮椅上，楼盘营销人

误区二：低估客户的智商

员需要认真地对待客户，循着客户的思维来答疑解惑，只有让他们找到兴趣点，才可能让他们产生购买的欲望。

客户不远千里来到这里，什么最能激起他们的买房欲？不是你推销的楼盘。开发商售卖的楼房再漂亮，客户也不可能为了一栋漂亮的楼房千里迢迢移居到一个陌生的地方，对他们有吸引力的是开发区的规划、开发区的风姿、开发区的风景和开发区的未来。商家没有把准客户的脉搏，让客户看到他们所关切的东西，让客户感觉到他们想触摸的开发区的气息，给他们思考的空间。客户只有喜欢上开发区，才有可能会喜欢上你的楼盘；如果开发区不能引起客户的兴趣，他一定不会与你的楼盘结缘。

客户每买一件商品，他都会做出初步的评估，尤其是大件商品，绝对不会因为你的三言两语就被打动。作为一个营销员，如果为了卖拐企图把客户忽悠瘸了，纯粹是异想天开，小品毕竟是小品，不是现实生活，强行引导客户的思维，终将一无所获。

营销进化
走出营销中的十大误区

二

浮浅的营销说辞感染不了客户的心

营销是一场买卖的博弈,常用的手段是语言交流,语言能否打动人心,决定了营销能否成功。一个好的营销员,不要求知识渊博,但必须不断地丰富自己的知识,语言表达逻辑扎实,说出的话经得起推敲,力争获得客户的信任,这是打开营销成功的第一道门。如果说辞内容浮浅,话不到位,又怎能入得了客户的心?

一个保险公司的营销员,某一天对她所熟知的客户说:"姐,您再买些保险吧?"客户回答以前已买了不少,且说"主要是没有钱",很明显这是搪塞的话。但营销员接下来的话,却简直颠覆了普通人的认知:"姐,听说你有两间门面房,卖掉吧!"

客户问:"为什么要卖掉?"

她说:"卖掉腾出钱多买点保险,可以多个保障。"

门面房月月收房租,不算生活保障吗?非得把它卖掉,买成保险才算有保障?听了她的话,客户从心里对这个保险营销员产生了极大的抵触,都不愿意再听她多说一句话。

误区二：低估客户的智商

作为营销人，说出的每一句话，都要充分地掂量好，不要求每句话都让客户坚信不疑，但决不能有一句让人感觉太离谱。如果你说的话过于浮浅，就会失去客户的信赖，那么你离成功也就越来越远。

客户常常会不自觉地套用短板效应来判断营销者话语的可信度。短板效应也就是木桶理论，即木桶能盛多少水，不是取决于最长的那块木板，而是取决于最短的那块木板。作为营销人，那些最让客户触动的话语，不一定能促进营销的成功，但营销的失败，一定是起因于最浮浅的那句话。

那么，什么是浮浅的营销说辞呢？

比如卖装修材料，客户问："你们这儿的装修材料是否环保？有没有味道？"你如果把装修材料的成分描述得如何与众不同，滔滔不绝地炫耀自己的商品，会很难让客户认可。一种情况是客户不懂。装修业务是一项不经常接触的事情，一个客户也许一辈子只装修一次，他不可能对这些材料的质量情况熟记于心，面对陌生的商品，营销人员哪怕讲得天花乱坠，客户也不一定买账。另一种情况是客户懂。面对客户，营销人员夸夸其谈，讲了一大通，却没入客户的心，因为营销人员也许只是一知半解，而客户心里反倒一清二楚。在这种情况下，客户就会对营销人员不信任，这种不信任会直接影响他对商品品质的判断。

遇到第一种客户不必多说，因为说多无用。遇到第二种客户，也不必多说，因为他比你还懂，说多了他也听不进去。但作为营销人，又不知道每一位进店的客户是属于哪种，怎么办？最好的办法就是不必多说，只需实事求是，告诉客户："无论哪种材料，多少都有点儿味，只是强与弱的区分。"然后再引申讲给客户，味道的刺激对人体的危害究竟有多大，让客户有一个正确的看法。讲解的前提是要客观，但决不能用浮浅的话语敷衍客户。

二 "围追堵截"不是逼客户"入瓮"的法宝

为了防范客户逃出自己的"掌心",有些营销人员常用的办法就是把不消费的"路子"堵死,只留下一个必须消费的"口子"。这里不妨把它称作"围追堵截"。

某客户周日逛商场,刚走到一个柜台,一个小伙子就开始向他推销鞋油,还没等客户反应过来,他就弯下腰把鞋油挤在了客户的皮鞋上。客户一想,擦就擦吧,反正免费。小伙儿一边把他的鞋油夸得像一朵花似的,一边使劲把客户左脚上的鞋擦得油光锃亮。擦完左脚的鞋,客户正等他擦右脚的鞋时,他站了起来,问客户买不买。客户说,不管买不买,也得把右脚上的鞋擦完再说啊!只见他不慌不忙地说:"先生,只有买了鞋油,我才能给您擦另一只脚上的鞋,这只是让您体验,我不是擦鞋的。"客户非常恼火:"这一只亮一只乌,我走在大街上像啥?你不是擦鞋的,谁答应你给我擦左脚上的鞋了?"

商家使用这样的营销方法,初衷是只要擦好一只鞋,使得两只脚上的鞋光泽度不一,就会迫使客户要求擦另一只鞋,而要想让推销员

误区二：低估客户的智商

擦另一只鞋，就得买鞋油。但商家想得太简单了，这种营销方法除了惹人反感没有其他任何益处，绝大多数客户都不会轻易"就范"的。而且，客户不但不会买这个柜台上的鞋油，整个商场的印象都会在他的脑海里大打折扣。这种"围追堵截"的营销方法，也许商家自以为还不错，但实际上手段显得很拙劣。

类似的例子还有，营销人员把客户请到美容店推销美容产品，为了赢得客户信服，先示范给客户做美容。结果却只做了半边脸，还留下半边脸，说是为了让客户进行效果对比，如果客户下单，就继续做另外的半边脸。客户自然不会受她的"胁迫"，最后没有下单。一些营销人员在营销过程中，总是会做出一些自以为聪明的"创举"，以此逼迫客户，实际上这样做恰恰起了反作用，让人对其营销的商品生厌。

还有的售楼部，要求进门先登记电话，不登记电话就没有售楼员对应服务。有些顾客被铺天盖地的推销电话打怕了，不想泄露自己的电话号码，这样就造成了尴尬的局面，无论顾客想咨询楼盘价格还是面积，都没人作答，只能悻悻离去。开发商以为这样就能"倒逼"客户，但他没有想到这种"围追堵截"的营销模式恰恰把客户推给了竞争对手。

近年来旅游公司报价越来越低，原因之一是旅游行业竞争愈来愈激烈，原因之二是旅游报价向隐形消费转移。旅游隐形消费主要表现在，一是景区电瓶车的强制消费，二是把一些规定必须自费游览的景点从旅游项目中拆分出去，景点票价单独计算。

关于电瓶车的强制消费，一般是旅游团到景区下车后离景点还有一段距离，到景点大门必须坐电瓶车，价格由景区说了算，合理不合理也没有人去较真。旅游团的团费并不包含这一块，声称这是各位游客的自愿行为。

拆分出去自费游览的景点价格不含在旅游团的报价里，又是强制游览的项目，这些景点往往价格不菲。强迫客户消费的理由多种多样，共同特点是不消费这个项目就无法成行，实际上就是斩断了客户的其他选择。

这种操作刚开始确实起到了促销的作用，人们报团时往往一看价格，感觉非常实惠，虽然旅游合同里把乘坐电瓶车的价格标明了，自费景点及价格也在合同里用括号括进去了，但人们总是想当然地认为，电瓶车可坐可不坐，自费景点进不进由自己决定（合同里没有标明"必须"二字），只有到了现场，才发觉身不由己。

随着时间的推移，人们逐渐熟知了这个潜规则，游客心理价格预期不会再把电瓶车与自费景点拆分出来，他们会以明暗消费两项的总和来衡量性价比，旅游团标出的几位阿拉伯数字无论多么低，也不再能轻易地吸引人的眼球了。

用"围追堵截"的方法逼迫客户消费，这种拙劣的营销方法注定不能长久，做生意离开了诚信，必会钻进一条死胡同，任何低估客户智商的行为最终都是自欺欺人。

四

小恩小惠成不了"大鱼"上钩的诱饵

有些人总在打老年人的主意,十几枚鸡蛋、现场免费理疗、免费分发治疗百病的保健药等,种种方法,还真的让一些老人背着儿女向这些来路不明的商家掏出了大把的钞票。但这些只是哄骗老年人的雕虫小技,在营销中指望用一些小恩小惠来笼络客户进行大宗消费,就太小瞧了客户的智商。

什么是小恩小惠?在这里是指赠予的实物或奖励与所销售的商品相比,价值相差悬殊。比如,超市买五斤大米赠送一斤鸡蛋,这一斤鸡蛋不算小恩小惠;买一辆汽车商家赠送五斤大米,这五斤大米就属于小恩小惠。

在市场营销中,一些商家惯用小恩小惠的办法进行促销,但如果促销的是大宗商品,这种方法则效果甚微。最常见的是,在楼盘开盘之际,从售楼部提着大米、食用油走出来的人比比皆是;在汽车销售部,人们拿着砸蛋锤喜气洋洋,砸出一个个折叠伞、手提袋之类的"大礼包"。从表象上来看,其生意的红火是由诸如此类的营销策略所致，实际上很多客户只不过是逢场作戏罢了，他们最终会不会购买商家营销的产品，并不会为此所动。

既然楼盘、汽车等大件商品的成交并不是由有奖销售和有礼大赠送带起来的，为什么商家对这些活动还是情有独钟？答案是：这只是商家的一种错觉，是他们过于信赖促销活动的诱惑力。这种营销活动实际上就像一场独角戏，商家无法猜透台下的观众是忠诚的戏迷还是来凑热闹的过客，而小恩小惠、微薄的礼品也不至于促成客户顺利签单。如果客户没有选中这里的楼盘、汽车，赠送礼品后他们就会提着礼品各奔东西，不会留下任何念想。

营销可以赠送礼品、可以设立奖项，但不能把它当作营销策略的支柱，商家的决策者只有一个，一个人的大脑量又怎么抵得上千千万万客户的智慧呢！用一些蝇头小利，吸引不了客户的大额消费，营销者应该明白这一点。

误区二：低估客户的智商

五、耍小聪明容易颠覆信誉的根基

商家为了烘托气氛，常常会使用一些"托"，酒托、饭托、衣托、鞋托应运而生，而这些"托"一旦没有托稳，就会把盘砸碎。

在大街边上常能见到一些临时摊点在卖鞋或者卖衣服，一群人围着挑挑拣拣。乍一看像是招引了大量的顾客，但如果仔细观察，有一个反常现象格外引人注目，这些顾客在低头慢悠悠地挑拣商品，却没有一个付钱的，而且他们大都眼光外瞟，悄悄地斜视着过路的人。这时大家就会明白，这都是"托"。

本来，作为商家规规矩矩地卖东西就行了，你的鞋或衣服即使质量次，但只要价格低廉，兴许也会有人图便宜购买。但是，如果客户发现了商家用"托"的拙劣手法，就会彻底丧失对商家的信任。一旦失去信任，大家就会认为你的商品一分不值，这样谁还会买你的商品？因为在人们的思维里有这样一个认知：只有当你的商品质量极端低劣时，才会用其他不正当的手段来促销；只有当你的商品一个也卖不出去的时候，才会在促销中耍花样。

还有一种促销方式是为客户"挖坑"。

一个推销员在推销自己的商品时,玩了另一个手法。他携带商品到一个小商场柜台前向营业员推销,想让营业员进他的货,对营业员介绍了一番商品的优点后说:"你把这几件商品摆在柜台里作为样品,看看有没有人要,如果没人要,商品还是我的,如果有人要,你再跟我订货也不迟。"营业员把交谈内容向老板说了后,老板也欣然同意,于是就把货品摆在了柜台里。

几天后,一个顾客来到柜台前,向这几件商品瞟了一眼,问营业员:"你们这几件商品什么价格?"营业员告诉了他,顾客又询问产品的性能,营业员又一一作答。然后顾客说:"你们有多少货,我们需要的量大,你们能不能满足?"营业员说现在没有,问顾客什么时候用、需要多少,顾客说十天之内能备齐多少多少货就行,营业员满口答应。顾客付了一些订金走了。营业员汇报给老板后,立即打电话给那位推销员,让他尽快送货。很快货送来了,付了款。待送货人走后,营业员转身再联系几天前要货的那个顾客,电话却打不通了。

尽管这个外来的推销员推销的是手工作坊产品,厂家是无名小卒,但人家记住了他是哪个地方的人,营业员一怒之下,在柜台玻璃下写了提示标语——"小心××(地名)骗子"。一个商家信誉不良,使得整个地方的名声都受到了损失。

误区二：低估客户的智商

六

要学会以诚相待

以诚相待，就是"是什么就说什么"，实事求是，以诚恳的态度对待别人，货真价实，对客户不能有任何欺骗行为。

以诚相待是与人共事的法宝。只有诚实，才能招徕客户。因为大家有一个共识，与诚实的人打交道不会吃亏，按照这样的思路，只有人人愿意与自己打交道，生意才能有起色，只有客户围绕在自己的身边，才能有赚取更多利润的机会。

以诚相待，首先要学会坦诚。坦诚就是把自己的胸怀敞开，让客户看得一清二楚。人们常说商业机密不可泄露，那么坦诚是不是与这一信条相悖呢？其实不是，如果非要说任何情况下都有商业机密的存在，那么坦诚本身就是一种商业机密，它的机密性就是用坦诚打动客户的心。

以诚相待，并不排斥善意的计谋策略。一提"计谋"这个词，人们很容易把它与"诡计多端"联系起来，但是在实际生活中，也不能一概而论，有一些"欺骗"是善意的，所谓"计谋"只是协助你对某

营销进化
走出营销中的十大误区

一件事做出正确的决断。

例如,某个农贸市场里,有一位销售员在售卖方便面,她的促销方法是把固定数量的方便面放在塑料袋里按袋卖,一袋六包。这时,一位顾客走过来问过价格后,透过透明塑料袋发现有一袋装错了,里面是七包,于是他悄无声息地把这袋方便面买走了。待他走后,销售员又重新装了一个七包的袋子,混在其中。这种营销策略算不算欺骗?即使算欺骗,也只能说是善意的欺骗,因为已标明一袋是六包,多给顾客一包也不算过错。而占点小便宜,也是人之常情,不能因为销售人员对人性弱点的利用,就为其戴上一顶不坦诚的帽子。

以诚相待,要向客户讲真话。常言说"你敬我一尺,我敬你一丈",在日常的营销中,一个营销员是怎么对待客户的,会被客户一点一滴地记在心中,积累久了,就会在客户的心目中增加好感的砝码。

某位顾客来到一个商场专柜,挑来挑去,看中一件衣服,询问价格后,对售货员说:"我找了好多店,也没有找到麻纱料衣服,在你们这儿终于找到了。"售货员赶紧接话:"这不是麻纱料,是棉麻料。"顾客摸着衣服仔细地看来看去,也搞不懂它们的区别,又问售货员。售货员解释说:"穿上的效果都差不多,感觉上稍有区别,麻纱料比棉麻的要稍微垂一点,但棉麻料的要比麻纱料的舒服一点。"顾客想了一会儿,还没决定,售货员接着说:"我建议您买棉麻料的衣服,等您穿上后就会知道我说的是实情,但我必须跟您说明白,我们这里的衣服是棉麻料,不是麻纱料。"顾客听了售货员的一番话以后,心里感觉异常温暖,心甘情愿地接受了售货员的推荐,生意成交。

误区二：低估客户的智商

七

走出"买家没有卖家精"的怪圈

　　人的智商不因人的职业不同而变化，相信营销人也不会自认为比客户聪明，但有些营销人的做法总是与自己的思想意识不符，他们总是不自觉地把自己放在智慧的制高点，这样就会让自己产生一种错觉，好像客户正在按照自己的思维循序前行，而一旦梦觉，就会被失败的现实击得心碎如雪。其实，并不是所谓"买家没有卖家精"，只是卖家不自知而已。

　　客户有自己的思维方式，在不同的个性背景下，每个人都有自己的购物理念，无论人的习性是豁达还是保守、是慷慨还是吝啬，都有自己性格形成的先天基因与后天的历史背景，对于这林林总总的性格和理念，无法用好歹二字断言，也不能武断地以此评价各人的水平与素养。作为营销人，不可能改变任意一个消费者的购物理念，也不可能左右任意一个消费者的购物习性。低估客户的智商，往往容易让营销人在营销过程中走入"精神胜利法"的怪圈，以为客户会循着自己的思维行事，就像孙悟空翻了一个筋斗后，自认为已行了十万八千里，实际却仍然没有翻出如来佛的手心。如果营销人总是只顾打自己的小九九，一旦被客户看穿，营销就会泡汤。

营销是一场博弈，需要不断地探听对方的虚实，瞄准对方的软肋，找出进攻的突破口，否则稍有不慎就可能被对方击垮。在与客户的交谈中，一样需要了解客户的思想脉络，弄清客户的关注点。只有运用好"急客户所急，想客户所想"的思想武器，才能走进客户的心；只有走进客户的心，才能把营销发挥得淋漓尽致。在营销商品时，不能以自己的商品为中心，而是要以客户为中心。一是客户需要什么样的商品，就卖什么样的商品；二是自己有什么样的商品，就要充分地向客户介绍，力争把自己的商品在客户理念里的替代性向客户传递好，进行"柔和"的引导，让客户明白自己营销的商品完全可以替代其习惯使用的商品，引起客户购物理念的偏转，逐渐让客户认可。

作为营销人，每说一句话，都要经得起客户的推敲。客户在做出购买决断之前，会仔细地斟酌，营销人的建议将成为客户参考的重要指标，这时营销人的言谈举止都可能在客户心中记录在案，作为客户分析研判的依据，所以营销人与客户交流的言语至关重要。营销人在揣摩客户思想脉络的同时，客户也在探察营销人的心理，如果营销人在不经意间露出破绽，或对自己营销的商品随便敷衍，客户会很快发现商品的短板并加以否定，买卖就会在风轻云淡中告吹。因此，卖家一定要清醒，买家是不会轻易被忽悠的。

八

要学会换位思考

营销商品，是为了赚取利润获得最大的增值空间，为了多盈利就得把商品卖出去，想把商品卖出去就得让客户接受，想让客户接受就得最大化地满足客户的需求，想满足客户的需求就得知道客户所想，想了解客户的心思就得学会换位思考。

营销人在营销商品时，想的最多的往往是怎样才能把商品卖出去，在营销的发力点上，考虑最多的又总是用什么样的语言才能激发客户的购物欲望，却很少站在客户的角度来审视。如果一个营销人掌握了营销要领，就应该认真思索客户需要什么，需要什么特质的商品，乐于接受什么样的营销方式，只有尽可能地摸清客户的思想脉络，才能在营销过程中游刃有余。

怎样换位思考呢？就是不能总站在营销人的立场上看问题，而是把自己当作一个消费者，用消费者的眼光来审视商品、审视商家提供的服务，并在心里给商品和服务打分，从欠缺的分值上找到商品与服务的缺陷与不足，从而有针对性地进行修正。同时，还要学会调查研究，一是走到消费者中间与人座谈，二是走到大众中间去听、去问、去观察。

曾经有一名电影导演，在自己导演的电影上线放映后，他多次来到散场的观众中间，认真听取观众的评价，他觉得这样做有利于以后工作的改进，有利于从观众的评价中获取对自我业绩的正确评估。他曾说，只有在这样的情况下获得的反馈才是最真切的，以观众的评论为参考，感觉心里踏实。

营销商品也是一样，要站在一个消费者的角度上，从侧面对自己所营销的商品进行观察，把自己放在消费者群里，来听取消费者的心声。

换位思考，要以什么样的态度来进行呢？关键是虚心。除了要认真地进行思考与调查研究，作为营销人，是不是真的做到了虚心真诚，还关系到对所获得的信息进行过滤与筛选的问题。态度不一样，过滤与筛选的结果精细度也不一样，如果只听褒不听贬，那就成了走过场。只有尊重消费者的智商，才能重视消费者的评价，才能以消费者为中心，不断地改进完善自己的商品。换位思考，是经营中摸透客户心思的武器，是打开心灵的钥匙。有了这把钥匙，还有什么打不开的心结，还有什么攻不破的客户壁垒？所以说，营销中最大的学问就在于懂得客户。

误区三:
被过度热情带乱了营销的节奏

营销需要热情，而过度热情，有时却会带乱营销的节奏。在营销人的潜意识中，对于这个问题一般比较淡漠，他们并没有足够重视营销的节奏问题，没有认识到营销节奏在营销进程中所起的作用至关重要，有时甚至会影响到营销的成败。

误区三：被过度热情带乱了营销的节奏 ▶▶▶

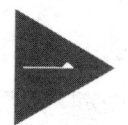

➤一

热情有度是赢得客户好感的加分项

　　顾客进了一个门市或逛到一个柜台，售货员往往会热情地迎过来，问："想要些什么？"面对售货员的热情，很多顾客都不知道该怎么回答，一是这句话问得多余，顾客也许并不准备马上做出是否在这里购买商品的决定；二是顾客刚进来，他可能只是想先浏览一下，货比三家，售货员要给顾客充分的考虑时间；三是售货员这样盯着问，也会让人有不买东西就不让离店之感。

　　有的顾客逛商场多了，有经验了，当遇到售货员问想要什么的时候，就会反问一句："你这里都有什么？"售货员往往哑口无言。是啊，我想要买的东西很多，不能先转着看看吗，你非让我一进门就决定买什么，这是强人所难。同理，问你商场里都有什么，商品多了去了，你也一样难回答。只有在这时，可能售货员才会明白他问的这句话是多么的不合时宜。

　　还有的售货员，看到来了顾客，就亦步亦趋地跟在屁股后，一旦顾客咨询某件商品时，又恨不得与顾客脸贴着脸对话，表面上看是想

· 049 ·

营销进化
走出营销中的十大误区

与顾客拉近距离增进感情，实则让人生厌。顾客对于购买什么样的商品自有决断，不需要售货员随身"服务"、喋喋不休，如果顾客想买去北京的车票，难道你能用那三寸不烂之舌把顾客忽悠到南京去？

某位顾客到售楼部看房，一个年轻貌美的营销员迎了过来，问顾客想买什么样的房。在摸清顾客的用意后，便热情地为顾客进行讲解，最后顾客说要回去考虑考虑。等到顾客第二次登门时，这个营销员眉飞色舞，赶紧迎了上去："哥，想好没有，我们选哪一套呀？"这样的关照多少让人有点不适，好像顾客买了房，是要与她一起住的。顾客的性格不同，理解问题的角度也不同，也许这样的热情话有些人不计较，但有些顾客对这样的热情似火非常抗拒。

误区三：被过度热情带乱了营销的节奏

二

热情失度会让客户疑窦丛生

买卖双方既然是平等的，那么，如果营销人过分热情，可能就会让客户心中打下一个大大的问号。一般客户的理念是，买卖商品是你情我愿的事，是在双方平等基础上进行的交易，商家适当的热情可以理解，因为能把商品卖出去毕竟是一件让人愉悦的事，但是一旦商家对客户显得异常热情，流露出对交易成功的急切时，客户就会起疑心，想这里边是不是有什么猫腻，从而对营销的商品产生不信任感。

银行开展信用卡消费有奖活动，季末根据各个持卡人的消费情况，进行随机抽奖。中奖名单出来后，一位银行女职员按照中奖名单逐一打电话："喂，是晓丽吗？我是××银行信用卡中心，您使用POS机消费中奖了，一个微波炉，您瞅空来领一下吧。"

电话里的人答话："不要了，谢谢你。"

女职员很奇怪，又接着打另一个中奖人的电话，"喂，是凤叶吗？我是××银行信用卡中心，您消费中奖了，是一个拉杆箱，您瞅空来领一下吧。"

营销进化
走出营销中的十大误区

电话里的人也同样答话:"谢谢你,不要了,你们自己用吧。"

她连续通知了几个客户,却基本上没人愿意来领奖。她很纳闷,为什么都不来领奖呢?现在的人都这么富有了吗,中奖都不愿意领取?

旁边坐着的一个男职员看不下去了,说"让我试试"。他拿起电话:"喂,您是王忠伟吗?"他把客户的中奖信息告知后,客户高兴地答应了。

他接下来通知的几个人里,没有一个拒绝的。这个女职员百思不得其解,问男职员这是何故。男职员说:"主要问题在于你对客户的称呼上,只叫了客户的名,没有带姓,比较熟识的人才会这样称呼,你的口气过于亲热,引起了客户的怀疑。"

确实,当你接到一个陌生的电话,说自己中奖了,而且称呼亲热得有点异常,难免会生出"天上怎么可能掉馅饼"的疑心,很可能以为是诈骗电话。对一个陌生人的称呼,就差一个姓,效果却截然不同。女职员本意是想体现对客户的热情,但毕竟素不相识,双方之间还没有这么近的距离,这样的称呼有点违反常态。常言说"事出反常必有妖",对客户过于热情,反倒让信任打了折扣。

再说一个很久以前的故事。

一个初中生,感冒了,到集镇上的一个小诊所拿了些药,药服用后还是咳嗽,便再次去这个诊所看医生。这个医生笑眯眯地说:"素珍(只叫名字不带姓),这次我给你拿两片药,虽然有点贵,但不要紧的,一吃就好了。"只见他包了两个白药片,要了一元钱(当时在饭店里吃一碗面条也只要五角钱)。这个学生特别留意了一下这两片药,上面写的是扑而敏。这时她在脑子里打了一个问号,医生对于一

误区三：被过度热情带乱了营销的节奏

个才见两次面的病人的称呼，只喊名不带姓，亲切得有些异常，让人起疑心。

这个初中生后来路过县医院，到里面问了药的价格，一片才一角钱，心想怪不得小诊所的医生那么热情，原来是他在这两片药上的要价太狠了。热情失度的同时，也会让人失去信任，因为这种热情里面往往真的有"妖"。

客户在了解商品之前，对营销人的第一印象直接影响着购买与否的决定。如果从营销人员的过度热情中，让人感觉到"急切地想卖给你"，势必会使客户产生逆反心理，感觉你的商品是一个不好卖的商品，存在瑕疵或者是过了季，客户很可能就会因此望而却步。

要想赢得客户的信任，有两个关键，一是诚实的态度，二是恰当的语言。诚实的态度不会给人以相悖的感觉，恰当的语言才有可能对客户产生吸引力。语言不需要刻意修饰，重要的是自然流露的那份坦诚，此外，要把想表达的东西准确无误地传递给对方，笑容、手势等肢体语言也是很好的辅助。

三 稳健的节奏体现出营销人的品位

品位是指一个人的品质、趣味、情操、修养，它是人的言谈举止中的自然流露，而不是刻意的做作与表象。在营销中如果掌握不好节奏，轻则会引起客户的不屑，重则就会降低营销人的品位。

不知道大家有没有这样的感触，在逛商场时，不同的商场往往给人留下的印象也不同。一些大型商场，在逛了一圈后，总给人一种舒适的感觉，为什么？除了富丽堂皇的装饰装潢外，还有让人愉悦的购物氛围。在这里，没有那种被迫的局促、没有那种被"围猎"的感受，心情像行云流水一样舒缓，销售人员的不愠不火，让人有一种宾至如归的感觉。她与你打了招呼后，就在一旁静静地观察，当你咨询的时候，又极其耐心地开始介绍。在她的语气里，没有表现出丝毫的强人所难；在她的话语里，却透露出得体的若隐若现的促销味道。人的品位提升了，商场的品位提高了，这都要归功于商家的营销节奏。

无论干什么事情，都要讲究节奏，节奏能让人科学地发力，节奏能让人遵循事物发展的规律，分清轻重缓急，掌握好事物发展的节点及火

误区三：被过度热情带乱了营销的节奏

候。把握营销的节奏，是一门艺术，像与有情人的共舞，既协调又默契。

在看中国女排比赛时，常常会出现这样的镜头：在我方分数快要被对方追平的时候，教练便要求暂停，要么换人要么进行战术调整，稍微休息片刻继续比赛，往往在这种情况下，女排队员又把分值与对方拉大，顺利赢下比赛。这就是调整节奏的效果。

那么，营销时的节奏应该怎样把握呢？要看准时机，讲究方法。

一位顾客领着小女儿到了某商场的一个衣服专柜，顾客看中了一件上衣，试过后就与售货员理论价格，售货员为其打折后顾客还是不满意，感觉让利幅度太小，价格仍然不菲。这位顾客称自己是这里的老主顾，一再要求售货员再多打一点折，售货员说已经打了8折，实在不能再低了……

双方正处于僵持状态，这时只见售货员蹲下身去，抚摸着顾客的小女儿的头，说，"乖，咋长这么漂亮啊！今年多大了？"然后与小女孩交谈起来，又从柜台里边拿出一个小红布花，插在了小女孩的头上，顺势问顾客："孩子看起来很聪明，学习成绩不错吧？"

"幼儿园也就是多认识几个字，不过老师常夸。"这时顾客的脸上也露出了骄傲的神情。

售货员趁机又说："姐，我要是能给你多打折，我一定会做的，卖给谁都是卖，更何况你是我们这儿的老顾客。你真难为我了，姐！"

售货员微笑着，用她那双迷人的眼睛望着顾客。稍顷，这位顾客又象征性地讨价还价几句后，说："那就这样吧。"就这样，销售成功。

从这个营销过程中，我们看到了掌握节奏的重要性，售货员就是在双方僵持的情况下，转而与小女孩交谈，拉近了与顾客的距离。售货员对于时机和营销方式的把控，对促进顾客的购买行为起到了决定作用。

四 乱了营销节奏容易失去掌控力

营销不能草率，营销决策不能乱了节奏。

某防腐公司的营销员到一个规模不大的企业推销防腐业务，厂家负责人问营销员："你们有没有资质？"

营销员二话不说，就从包里翻出了所有的资质材料，并热情地回答了对方预计要问的所有问题。

"你们公司有多少人？"

营销员作答后，为了打消厂家负责人的顾虑，还补充说："你们要多少人就有多少人，必要的话我们可以从其他兄弟工地上调人，只要有工程，我们立即就能上人。"他的脸上堆满了笑意。

厂家负责人又问："你们的工人都有高空作业证吗？"

营销员立即信誓旦旦地说："我们都是一些熟练工人，大都有证，即使有些不熟练的新手，也会有老员工带，会很快办证。"

说完，营销员发现办公室地上有个烟头，就赶紧弯腰拾起来，又顺便拿起扫帚打扫起室内的卫生。

误区三：被过度热情带乱了营销的节奏

完事后，厂家负责人为他倒了一杯水，营销员急忙双手接过来，毕恭毕敬地坐在沙发上。厂家负责人斜眼打量着这位上门推销的营销员，心里充满了疑虑：从他诚惶诚恐的态度上来看，这个防腐公司不像有多大的实力。最后，营销以失败告终。

买卖双方是平等的，作为营销人员，没有必要低三下四。在此情此景下他既是营销人同时也是客人，应该坐在沙发上平等地与对方交流，对方想知道什么，就回答什么，没有必要一股脑地把所有的家底和盘托出。他表现出来的这种不从容，反倒会让对方认为是在示弱，从而产生不信任感。

在这位营销员的营销过程中，因为没有把握住营销节奏，始终由对方掌握了主动权，所以，相当于是他自己放弃了谈判的筹码，被对方拿捏住了"七寸"，越是表现得热情，越引不起对方的兴趣。

再看看那些玉器店卖玉的人，无论客户多么稀少，他们总是一副悠闲的模样，坐在椅子上自顾自地品味着茶的芳香，见了客户，也不会喜形于色，仍然不紧不慢地与客户搭讪。他们从冷清里历练出来的从容心态，实际上也是一种对生意场上节奏的驾驭。

五

营销节奏常被过度的热情带偏

热情失度带偏了营销节奏的事例，屡见不鲜，而且不只是体现在商品营销中。

人们在观看一些运动项目时，常常会喊"加油"。加油的本意是什么？很简单，车没有油了，没有动力了，加过油就可以继续奔跑了。但是，不妨想一想，如果车行驶在很窄的悬崖公路上，或者是在过独木桥，还需要加油吗？这不是动力不足的问题，而是一个勇气与技术的问题，这时就不需要烘托气氛，需要的是冷静与理智。

体育馆正在进行乒乓球比赛，看台上的人在暂停的间隙齐声喊"加油"来助威，但当开始比赛了，就要停下来，不能再喊了，不然会干扰比赛者的情绪，分散比赛者的注意力。乒乓球比赛不仅仅需要动力，更主要的是需要运动员心理沉稳、掌握好节奏，如果盲目地喊"加油"，就会对他们形成干扰。

曾经在一个单轮走钢丝的电视节目上，出现过这样一个细节。一名艺人在一条钢丝上小心翼翼地骑着他的独轮车在缓慢地前移，现场

误区三：被过度热情带乱了营销的节奏

观众都屏住呼吸惊奇地瞪大了眼睛。旁边的主持人却没有随着节目进程静静地欣赏，仍然在喋喋不休地给现场观众与电视前的观众做着讲解，为表演者鼓劲，很显然，他的做法有点多余且很不合时宜。表演者可能实在受不了了，他停下来，开始哀求主持人："大哥，请您安静一会儿吧！"想必当时现场的观众一定观察到了主持人的一脸尴尬。

再举一个营销的案例。

某人想把自己多余的一套住房租出去，信息登记在中介公司好长时间，也不见有人打电话，一天忽然接到了租房电话，于是兴高采烈地去与租房人见了面。

在通报了租金价格后，租房人说一年21600元有点贵，问能不能便宜点。出租人连忙夸赞自己的房子位置好、布局结构好，激动得手舞足蹈。租房人也很善于言辞，一句一个哥地叫个不停，说："如果价格不能低的话，能不能让我多住20天，因为明年这个时候孩子考学，但不一定考完就能马上搬走。"出租人笑呵呵地说："多住20天就过了租房季，这样吧，把零头抹去，你给我20000元算了，我只能让到这个程度了，行吗？"出租人直视着对方，唯恐客户不高兴。租房人马上爽快地答应了。

房子有人租，出租人只顾得兴奋了，却没仔细算账，20天的房租是1200元，出租人不同意延长20天，却同意把1600元抹去，"热情"得脑子都有点短路了。

乱了理智的热情，是营销中的大忌。在营销过程中，千万不能让客户感觉出成交的心切，你越是急不可耐，客户反而越会按兵不动，因为他有可能已经从你的言谈举止中判断出你已乱了方寸，看穿了你

· 059 ·

的底线，一旦如此，在这场博弈中你就很难如愿以偿了。

在营销中，遇事不能只顾热情，热情失度，往往会乱了营销的节奏。在任何情况下，都要在热情时保持沉稳、在退让时不失理智、在进取时柔中带刚，作为营销人，只有掌握住了营销的节奏，才能立于不败之地。

误区三：被过度热情带乱了营销的节奏 ▶▶▶

六

热情是促成交易的必要条件而非充分条件

有的营销人说，正是由于自己服务热情周到，才促成了顾客下单。我们不否定态度热情的作用，但并不是商品交易的达成都要归功于热情有加，热情是促成交易的必要条件，但不是充分条件。

在现代社会中，人们对于热情周到的服务已司空见惯，热情是商家必须具备的基本素养，没有它，顾客不会买账，有了它，顾客也不会大惊小怪。热情不是决胜的法宝，如果想用过度的热情来控制客户的购物节奏，那就大错特错了。

客户在售房部浏览房源的时候，常常会遇到推脱不掉的热情。曾经有这样一件事，一个售楼员向客户介绍了楼房的情况后，客户说考虑考虑再说，于是售楼员索要了客户的电话，客户离开。第二天，售楼员便给客户打电话，问："先生，考虑好了吗？"客户回答："还没有。"第三天，售楼员又问："先生，考虑好了吗？"客户回答："还没有。"第四天，售楼员还是如此地问，客户终于烦了："现在没钱，等我有钱了再说吧。"此后，售楼员就再也不打电话了，她知道，这笔买卖没戏了。

过度的热情换不来你想要的东西，只能引起客户的反感。这个售楼员犯的错误就是没有掌握好"热情"的度，最后反而带乱了营销的节奏。

在城市的商业圈，经常会看到一些商户微笑着招徕生意，这种微笑只是一种职业习惯，大可不必把它上升到热情的高度。市面上成千上万的商家，进货渠道不一样、成本不一样、货物质量不一样、社会信誉不一样，为什么他们都能相安无事地做买卖，能"大路朝天各走一边"各自有钱可赚，是因为各有各的套路。

作为客户，对各个商家各种商品都有一个综合评估，这个"评估"可以称作社会商品购买行为满足值。具体来说，商家提供给每个客户的社会商品购买行为满足值之间是一个"约等号"，即每个消费者从购买行为中获取的社会商品满足值是基本相等的。那么社会商品购买行为满足值是由什么构成的呢？构成要件很多，可大致归纳为：社会商品购买行为满足值 = 营销力度 + 商品质量 + 商户信誉。如果商品质量与商家信誉薄弱，就需要加大营销力度；如果商品信誉优良商品质量上乘，就无须在营销上加力。比如，一个新的产品刚出来，品牌的知名度肯定有限，包括属性、利益、价值、文化、个性、用户等还处于模糊阶段，这时就必须大力推广。而像茅台酒之类，就不用极力推销，因为它名声在外，酒香不怕巷子深。

营销力度中，很重要的一项就是服务态度。鉴于上面的心理公式，人们很自然地就会认为，热情失度，必定是因为产品处于推广阶段，信誉不明，商品质量无保证，打不开销路，只好倾力营销。在这种情况下，热情就不可能成为销售成功的充分条件。

误区三：被过度热情带乱了营销的节奏 ▶▶▶

七

有底气、不做作，稳控营销节奏

在商品营销中，商家往往把持不住营销的节奏，这是营销中的大忌。比如，走进宾馆，大门口经常有一个"小红人"在弯腰恭迎，这是在表明商家以客户为上的姿态，表示对顾客的欢迎与尊重。作为营销人，营销心切可以理解，但决不能做"小红人"般的"弯腰虫"，见了客户就像得了软骨病一般。买卖是你情我愿的事，卖家是为了金钱与利益，买家是为了获得商品与服务，各取所需。

1. 营销要做到有底气

林林总总商家多，芸芸众生谁无求。买卖是一种等价交换，买卖双方是平等的，双方互为依附，谁也离不开谁。恰如其分的营销姿态，是迈向营销成功的第一道门槛。

在西南某市的一个商业街，有一家酒坊，这里的酒大都是自家酿制的粮食酒，外地人来到这里游览，并不是折服于酒的醇香，而是经

· 063 ·

营者不卑不亢、不慌不忙的神态，从这一神态里会让人获得一种信任感。在回答客户的咨询时，他们并没有把你当作客人，而是就像熟识的邻里，言谈举止里既不怠慢任何人又没有一句多余的表达。收钱、装货、打包、交换微信号，一系列的营销动作像行云流水一般，让人感觉到舒适、温暖。从他们打包的规模上看得出来，该店家的销量不一般。

在中原某县城，也有一条历史悠久的商业街，这里的商家成百上千，无论到了哪一家，都看不到过分的热情，也没有那么多的客套。一位顾客走进一个门市，看中了那里摆放的腰带，问是什么价格，店员转过头来，把那些不同类别的腰带价格一口气一一报全，然后又与邻家店主谈笑风生起来。顾客选了一条腰带，让商家打个折，店员什么也没有说，只是摆了摆手，意思是不打折。在顾客的一再要求下，店员终于开口："我们经营几十年了，标着什么价格就是什么价格，相中了就要，相不中可以不要哦！"说完，礼貌地送上了一丝微笑。看得出来，顾客买与不买，她压根就没有在意。顾客见状，赶紧麻利地掏出手机，扫码付款。就像这样，商家越是表现得有底气，越会让客户对商品的货真价实确信无疑。

2. 要有热情但不做作

热情失度，之所以失度，根源在于热情不是发自内心；不是发自内心的热情，往往会让人生疑，甚至生厌。

某女士逛商场，走到一个专柜前，售货员迎了出来，但她并没有招呼该女士到里面看衣服，而是拉住女士的胳膊问："姐，您这件外

误区三：被过度热情带乱了营销的节奏

套在哪儿买的？您穿上特别好看，不知道适不适合我穿？"

这一席迎客语，立刻引起了该女士的兴趣，"我去外地出差时顺便买的，当时买的时候还犹犹豫豫，穿了一段时间后，我自己看着也顺眼了。"

售货员接着说："我在另一个地方也见过，当时动了心，一懒意走过去了。我没有你的身材好，不过真的想知道我穿上是不是好看。"

"不然你试试吧。"该女士说。

"太好了，姐，谢谢你，耽误您的事儿了。"

等售货员试过后，她们两个唠了起来，像久别重逢的姐妹一样。该女士顺便浏览起货柜里的衣服，试穿了几次，最后还真的选中了一件。

这位售货员的营销中包含了不少的技巧，她主动与顾客聊些对方感兴趣的事情，这本身就是一种热情，这种热情让顾客感觉很惬意，因为她的热情发自内心，带着真诚与亲切。

某省会城市的一个大型商场，一位顾客带着孩子购物，她把注意力都集中在了琳琅满目的衣服上，没有发现孩子自己去玩电梯了。过了一会儿，忽然有人喊叫："电梯卡住小孩儿的脚了！"顾客听到后，才发现身边的孩子不见了，急忙顺着喊声跑去，这时电梯处已聚拢了不少的人在帮孩子解困。到跟前发现果然是自己的孩子，这位顾客慌张得手忙脚乱，只顾"哎呀哎呀"地喊，好在大家七手八脚，帮忙把孩子及时地救出来了。这时商场负责人也过来了，问明情况后要求与顾客一起到医院检查一下。顾客问了孩子的感觉后，又观察孩子走路没有太大的异常，看来问题不大，便谢绝了，但商场负责人出于认真负责的态度还是坚持去医院看看。后来顾客就和商场负责人一起坐车到医院，看了医生，做了检查，确定没有问题后，商场负责人又把顾客送回，并送给他们一些赠品，顾客连声道谢。

　　孩子出了这样的事故，本该家长是主责，但商场负责人并没有敷衍，而是坚持把孩子送医，其热情和负责任的态度，体现出商场的信誉与高质量的服务水平。不装腔作势，"货真价实"的热情，才能永久地留住顾客的心。

误区四：
夸大商品，是在自掘"掩埋信誉的坟墓"

夸大商品，一种是有形的夸大，比如在对商品大小、重量、体积等的表述中"掺水"；另一种是无形的夸大，比如在商品功能、质量等方面言过其实。营销心切，无可厚非，但如果任意夸大误导客户，一旦客户发现购买的商品达不到原来的预期，就会产生心理反弹，对商家全盘否定，不但造成客户流失，也葬送了商家的口碑。

误区四：夸大商品，是在自掘"掩埋信誉的坟墓"

一

商品夸大营销，反会弄巧成拙

很多人在夸耀某种事物时，常会有意无意地把事物的程度放大，说漏了嘴，失信于听众，自己却还浑然不知。

走进售楼部，你会发现墙上挂着硕大的电子屏，电子屏上标明了本楼盘在城市里的位置。但如果仔细端详，你就会发现电子屏上的位置图与实际的城市地图并不相符，本楼盘占据的空间特别大，周边的位置相对缩得很小，一条条通衢大道变成了窄窄的小巷，成片的小区变成了几间楼房，大型的城市体育馆在上面仅仅像一个农家小院。满满的电子屏，其他鳞次栉比的建筑都成了星星，只有本楼盘才是那颗最耀眼的太阳。

开发商的本意是想要彰显本楼盘，引导客户萌生一种对本楼盘偏好的思维，向客户暗示本楼盘位居城市中心且规模宏大，以此吸引客户的购房欲望。但开发商忽略了一件事，过分凸显自己的楼盘却带来了负面的结果。

客户购房首要的是讲求位置好，其次是房子设计结构，再次是附加设施及服务。开发商开发的楼盘位置是不是处于城市中心，客户对此并没有过多的奢望，但他们还是想买位置相对好一点的楼盘，位置好，无非就是不太偏僻，周边已有一定规模的城市建筑。现在的问题是，从位置图上看，楼盘周边没有什么建筑，就像建在荒凉的原野上，四周只有那么几间稀疏的民房和几条窄窄的胡同。实际上周边已是高楼林立，这个楼盘并不孤单。客户产生了误解，不怪别人，只能怪开发商自己在电子屏地图上"匠心独运"，客户看到楼盘周边的建筑稀稀拉拉，很容易对它的配套功能提出质疑。

在电子屏上夸大凸显自己的楼盘，这样的情况绝对不是个例，其实是弄巧成拙了。如果运用反向思维，把自己的楼盘缩小一些，让它成为"万花丛中一点绿"，不正好能衬托出楼盘所处位置的繁华吗？这个道理为什么开发商弄不明白呢？

现实生活中，我们时常会遇到夸大商品的情况。例如在夸大商品功效方面，"他晚上睡觉鼾声如雷，孩子都不和他一起睡，自从吃了×××，现在老公已经基本上不打鼾了。"这样的广告，诱惑性很大，看了它以后，人们会误认为是一位消费者吃了该药品后，把病给治愈了。再如，某某公司生产销售的一款香皂，为了在同行业内处于竞争优势，在包装上将没有经过充分的科学论证的"去除99%的细菌"进行突出的标注，这一引人误解的商业宣传其实属于不正当竞争，侵犯了消费者的知情权，危害了消费者的利益。

有一个来路不明的推销人员，把老人当作推销对象，每遇到一位老人，都掏出自己带的一粒粒白药片，说是"万能药"，治腿疼治腰疼治失眠治头疼，没有治不了的病，且免费赠送，条件是要求某天早晨去礼堂（租用的）听课。

误区四：夸大商品，是在自掘"掩埋信誉的坟墓"

到了那天，老人们起了个大早，徐徐地向礼堂走去。听课结束后，他们如愿地领取了免费药，到家里后无论孩子们怎么劝阻，也动摇不了老人的信念。两三天后再去听课，讲课的人问"吃了药后感觉怎么样"，台下有一位老人说有效，其他人也纷纷跟着说"非常有效"。为什么？吃药得到了心理安慰，讲课人的提问是一种心理暗示，实际上这些"三无"药品什么病也治不了。

这些卖药人就是利用夸大商品的手法，赢得这些上了年纪的客户的信任，之后才进入真枪实弹的"欺骗"程序，让老人们稀里糊涂地掏出了兜里的钱。

近年来，可能是受到韩国美容风潮的影响，我国的美容业逐渐兴盛，但与之同时出现的问题也层出不穷。大致有两个方面，一是手术失败，二是商家许诺的效果无法兑现，也就是质量不过关，却过高地估计自己的技术水平，对客户夸大商品质量。

某女士本来天然条件并不算差，但越是年轻漂亮的人，越是追求完美，容不得身上有一点瑕疵。她觉得自己的胸部不够丰满，于是找到美容院，想做隆胸手术。在向美容院咨询后，终于下定了决心，因为美容院再三保证他们的技术水平过硬、医用配件质量上乘，大可不必担心。女士做完手术后，刚开始没有发现异常，但过了不久出事了。由于天气冷，她洗澡时放了一池热水，可能是水的温度有点高，加上洗的时间有点长，在洗完擦身的时候，她突然发现自己的胸部瘪了下去，瞬间泣不成声，从此走上了艰难的维权路。

在商品营销中，我们只要诚实地把商品的功能、功效介绍给客户，客户也不一定会过于苛刻。客户看重的是自己的知情权，看重的是商家诚实的态度，如果随意夸大自己的商品或者服务，往往会弄巧成拙。

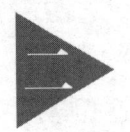

提升消费者的期望值是营销者在为自己"挖坑"

期望值是人们对于目标实现的概率从主观上的一种估计，是基于前期精力、资金等要素投入后对最终满足感的预判。所谓满足感，则是商品的质量、功能与期望值的比值，如果把商品的质量、功能看作一个定值，那么期望值越高，得出的满足感值就越小，换言之，期望值与满足感是成反比的。

军人在执行任务前，指挥员进行战前动员，问战士们："有信心吗？"战士们回答："有信心！"在这样的语境下，必须有信心，这是一种发自心底的宣誓，是勇赴战场的壮志。但是在舞台表演比赛中，当主持人问"有信心吗"，表演者回答"有信心"，这可能是一种欠思考的表达。因为，在舞台上的表现目的是通过比赛展示自己的风采，最终让台下和电视机前的观众欣赏与品评的。表演者回答"有信心"，无形中调高了观众与评委的"胃口"，期望值提升，如果在这种状况下表现不佳，他们心中就会把反差放大，而在减分项里进行加码。

误区四：夸大商品，是在自掘"掩埋信誉的坟墓"

在中央电视台举办的全国模特大赛上，一位浙江选手经过一轮比赛后没有顺利晋级，分数落在待定区，即与待定区的其他选手进行综艺展示竞争，评委不再打分，改由全国电视观众投票决出待定区里的几个人谁能晋级，奇怪的是她几次落选留在待定区又几次翻盘。从评委的角度审视，这个选手的成绩及天然条件确实欠缺，但没有想到的是，三番五次都没有通过评委"法眼"而落在待定区的她，屡屡又被电视机前的观众投票力推晋级。原因是什么？她在综艺展示前，当主持人问到"有信心没有"，其他人的回答都是"有信心"，而她总是说"没有信心"；在表演唱歌时说"我唱得不好，希望大家一会儿能耐心地听下去"，在表演其他才艺时则说"我不会，让我试试吧"。结果她每次表演后，都被电视机前的观众高票通过。

比赛项是评委打分，评委注重的是专业技巧；待定区是观众打票，更多地出自对选手的偏爱。观众为何对这个选手如此偏爱呢？就是因为她应对主持人的回答时总是那么低调，无形中降低了电视机前观众的期望值，这样她的表演更容易获得大家的认可。

回到商品营销上。某客户到建材市场的一个装饰材料门市购买墙漆，销售员先为客户讲解了漆的特性，说这种型号的漆是如何如何环保，没有味道，客户听到心里了，于是选择了这家的墙漆。可是房子装修好晾了半年，住进去后还是有味，客户心里有一种被欺骗的感觉，便记住了这个门市及墙漆的品牌，发誓再也不会与它打交道。

几年后，客户又有一套房也要装修，他到了建材市场的另一家装饰材料门市。销售员回答了客户所有的疑问，并且跟他说，再好的墙漆都不可能没有一点味道，只不过好漆的味道相对要小一点。这样，客户明白了墙漆的共有缺陷，降低了期望值，增加了对该商户的信任度。由于这次有了心理准备，当房子装修好以后，客户对于家里的味道也不再那么敏感了。

在早市上，一个临时货摊摆挂着各色各样的商品，几个营销人员穿戴整齐，一看就不是一般的小商小贩。他们手里举着毛巾吆喝："来买吧，纯棉的，厂家直销，一元一条。"有的顾客出于好奇，想当场甄别是不是纯棉，看看是不是真的淘到了"宝"，便抽出一根线头，用打火机一烧，顿时现出了原形。质问对方是不是在骗人，那些营销员脸上青一阵紫一阵，说不出话来。本来是不是纯棉的都无所谓，因为要价才一元钱，但他们许下的是纯棉，提升了顾客的期望值。顾客不买账，在报复性的交涉中，市场上其他的消费者会把他们售卖的所有商品都视作假货，卖家得不偿失。

所以，在日常的营销活动中，你如果想让别人认为你是一个诚信的人，就要为自己留下宽泛的空间，不能随意把自己的商品夸大，提高别人的期望值，就等于为自己"挖坑"。

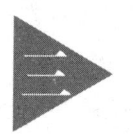

误区四：夸大商品，是在自掘"掩埋信誉的坟墓"

三

"离谱"的宣传只会落下笑柄

唱歌要顺着乐谱走，脱离乐谱就会跑调。在各种形式的营销广告里、口口相传的商品买卖里，那些言过其实五花八门的宣传，一直充斥在我们的生活周围。宣传的"离谱"，不仅会失信于客户，甚至会落下笑柄。

现在市场上的保健品销售乱象屡禁不止，有相当一部分的推销员在讲解产品时，总不忘把疗效放大，把功能吹上天，就差没有说成是唐僧肉，吃了让人长生不老。一些推销员依靠人脉向亲戚朋友推荐，亲戚朋友往往碍于面子，心不甘情不愿地勉强接受了，结果花钱买了一盒盒看着就让人生疑的"三无"产品。不吃吧，花了那么多钱，着实让人心疼，吃吧，又怕吃出毛病。有些商品的外包装上几乎没有一个说明文字，根本都不知道治什么病。不过推销员说了是治百病的，这可能就是为什么包装上没有说明文字的原因，说明文字总有遗漏，只有啥都不写，才能把所有的功效内容囊括。

再说一个例子。一些城市建筑名字近些年来乱象丛生，国家六部

营销进化
走出营销中的十大误区

委发文全国整治不规范地名，特别点到一些小区或建筑名字，都需要到房管局备案，但是还有一些地方、一些开发商在打擦边球。也许有的小区在文件下发之前已把小区名字起好了，比如叫"城中城""城市中心"或"中央公园"等，但无论是在文件下发之前还是下发之后，起一些与实际不相符的名字，总会成为一个城市文明的诟病。这些五花八门的名字从表面来说是不规范，或者说是"不着调"的宣传，但它里边蕴含的意义并不简单，这至少是一种不正当的竞争。谁都知道，"城中城""城市中心"都是相对靠近中心的位置，这里的其他楼盘都是起一个普普通通的名字，只有个别的开发商把"中心"独占，这合理吗？这样对客户也是一个误导，会误以为你的楼盘占据着城市的中心。至于"中央公园"，更是"不着调"，你是公园吗？你只是一个小区，更不是城市中央的公园。你叫"公园"，那真正的公园该叫什么名呢？

在某县城的一面临街墙上，赫然写着"学生载保险，老师家长心坦然"的宣传标语。诚然，里面包含着生病了会有钱治的意思，但更容易让人联想到的是，只要参加了保险，可以不用讲究卫生，可以不用强体健身，甚至可以不注重安全隐患。保险是一种在特定情况下的经济保障，但不能说参加了保险，就可任凭那种"特定情况"的发生，这种宣传是一种误导，追求"心坦然"不是人们参加保险的初衷。

无论哪方面的宣传，都不能脱离实际情况，而是要把自己真实的一面表达出来，不能不着边际，不能危言耸听，更不能"满嘴跑火车"。宣传的内容要客观、准确，常言说"干什么吆喝什么"，宣传不能过于"离谱"。

四

切忌营销中的"崇洋"之风

崇洋,是另一种夸大。

热衷于粘贴外文标签的例子不胜枚举。在一些书籍里和一些演讲中,CEO 一词出现的频率很高,国外的好些东西都翻译过来了,为什么这个 CEO 就不能翻译呢?可以翻译成行政总裁、高级管理者、老板、总经理,等等,中国的词汇还是很丰富的,难道就找不到一个合适的中文词汇来匹配吗?还有,在介绍一个大学教授时,说到他是某大学商学院最佳 MBA、EMBA 教师。MBA、EMBA 是什么?能不能用中国话把它通俗地说出来?

如果说大众不认识这些外文代码或者外文缩写是文化水平所限,那么请测试一下,"我的工作是农业银行的 XDY,在出差就餐时,单位规定标准参照 DVCT 档次。"请问谁能翻译明白?正确答案是:我的工作是农业银行的信贷员,在出差就餐时,单位规定标准参照单位餐厅档次。如果说这是汉语拼音简写,不好识别,那么英文单词的简写就容易识别?请看,CPV 是企业建立良好顾客关系的基石,这句

营销进化
走出营销中的十大误区

话一样让人难以理解,这三个字母代表的是顾客的感知价值,但是我们又怎能知道它是哪些单词的简写呢?毕竟以 C、P、V 这些字母开头的英文单词多了去了。又比如 SNS 营销、LBS 营销等,在我们日常见到的各种讲义中,常常会出现这些英文缩写词,如果我们都用中文表示出来,不就一目了然了吗?为什么非要冠以"洋文",在这里刁难读者?

回到产品假借"洋文化"的问题上。某客户曾说,在他的办公室里,电脑、茶叶、鼠标垫、一次性水杯、打印机、桌牌、刊物、钥匙等,想找一个不带外文只有中文的物件,非常困难,但要想找一个只有外文没有中文的比比皆是,像文件夹、电话机、文件盒等,这些中国产的商品上只有外文,没有中文。该客户说的情况也基本属实,对于这些标注外文的现象,标注者又是一种什么样的心态?在商品营销中刻意假借"洋文化",不只是文化不自信这么简单,也许还隐藏着商家别的用意。

例子一:在酒店自助餐厅的菜案上,摆着各式各样的菜肴,其中有一盘看着像猪肉片,菜盘前标牌上的文字是"培根",问服务员,服务员回答就是猪肉。是猪肉为什么不叫猪肉,叫"培根"呢?难道酒店的人不懂吗?要么是真不懂,要么是有意沾染"洋味",想借"洋味"来衬托自己商品的"高大上"。

例子二:某商业银行的电子银行业务中,有一个名词叫 USB-KEY,银行职员在向客户营销网银业务时,总是张嘴 USB-KEY、闭嘴 USB-KEY,把客户说得一头雾水。我们何不把它说成网银钥匙?它的样式像 U 盘,或者称呼网银 U 盘即可,这样名字贴切了,客户也就明白了。说成 USB-KEY 也不见得就"高大上",客户只是办理一笔银行业务,他们关心的是安全方便快捷,而不加选择地掺杂"洋文

误区四：夸大商品，是在自掘"掩埋信誉的坟墓"

化"，只能让消费者感到困惑。

例子三：在汽车系列中，原来的绿皮吉普车依据它的性能被叫作越野车，很贴切，因为它比起轿车底盘高，复杂路况适应性强且结实耐用。20世纪80年代起，有人从美国进口了某款汽车，称为Sports Utility Vehicle，即"运动型多功能车"，这下好了，我们的越野车称呼不受青睐了，被洋名字代替，叫作SUV。渐渐地，也不管是中国产的车还是外国产的车，只要是两厢的，甚至也不管它的排量大小，人们通称其为SUV。如果每个人都知道SUV是什么意思也就算了，偏偏是不开此款车的人不太关注，或者说购买家庭用车的新用户不熟悉这个称谓，那商家何不称其为越野车或城乡两用车呢？这两种称谓都能反映出它的特点，而运动型汽车则并不科学，既然它不属于专门生产的跑车，哪类型号的车不是为运动而造呢？抽象地称为SUV，却并没有让人欣赏出其借用外文名称的高雅之处。

例子四：现在有很多产品、名称都喜欢标注外文，这种做法并不一定能提高商家的知名度，反倒容易对消费者形成视觉困扰。例如，"头层牛皮"的英文是"Top Layer Leather"，在某个销售汽车方向盘皮套门店的门头上，竟然赫然写着"TLL系列"，客户不懂什么意思，走进店里，才看到满墙挂的都是各种汽车方向盘皮套。再如MAKAHAYA婚纱摄影，商家怕客户不懂，还在字母下标注着汉字"玛卡哈雅"。还有Rose Music，路过门前能认出店名的没有几个人，把琴行写成外文字母，以为如此才显得高雅，其实是一种错觉。

我们不是刻意排斥外来文化，也不是说商品或名称不能使用外文，而是从营销角度来看，外文标识并不是营销的加分项，这种标注外文的俗套，也会给消费者带来不少的困惑与迷茫。

五 对商品的短板不可遮遮掩掩

再完美的商品都有它的短板,营销人不能护短,对商品短板遮遮掩掩。营销中的一丁点不坦诚,不经意间就会成为客户判断商家信誉的重要尺码。

营销人在日常的营销中,遇到客户对商品的质疑在所难免,面对质疑,要保持一颗平常心,不惧怕、不回避,要耐心地解释与沟通。

某银行营销人员在向客户推销信用卡时,客户提出了几点顾虑:一是利率高,信用卡日利率万分之五,比任何形式的贷款利息都高,且计收复利;二是期限短,享受免息还款额待遇只能使用25~50天;三是额度低,不像贷款那样少则几万多则几十万,信用卡的授信额度能达到五万元的就很稀少。

面对客户提出的顾虑,银行营销人员如果只是想着对产品"涂脂抹粉",肯定是徒劳的,因为信用卡产品的一些固有属性,在客户眼里也许已经成了瑕疵。作为一个银行营销人员,既不能糊弄客户又不能无原则地向客户做出额外的承诺,正确的方法是认识到信用卡固有

误区四：夸大商品，是在自掘"掩埋信誉的坟墓"

属性与客户期望值之间存在着距离，承认这个事实，然后借该产品的优点来弥补这个短板，赢得客户的初步信任，接下来再找出信用卡的固有属性与客户期望值之间的交集，把它"激活"，晓之以理动之以情，获得客户的认可。

银行营销人员是这样解释的：信用卡确实有它的局限性，它与贷款不一样，满足客户的需求也不一样，如果把它等同于贷款做生意，那肯定无法满足客户。信用卡的固有属性是用来满足大家消费临时缺钱的需求，它的优点一是任何人在需要付款时不一定钱就凑手，在紧急关头可以透支垫付，二是在免息还款期内还钱不用付利息，三是免去了用钱时申请的手续及审批等待的时间。

银行营销人员还举了一个医院交押金的例子，理财产品来不及赎回，用信用卡解决了押金垫付问题。在他的耐心讲解下，客户终于动了心，成为该银行的信用卡客户。

有时主动亮出商品的瑕疵，还有可能得到意想不到的结果。

在东北某市，一个服装店的顶棚漏水了，其中一个衣架上的衣服全部见水，晾干后不同程度地显现出水印，当时愁坏了老板。老板想了又想，只好贴出了打折价，说便宜处理，实际上本来打折后就是这个价格。顾客纷纷问为什么要便宜处理，老板如实告诉他们，房顶漏水了，掉在了衣服上。意想不到的是，顾客蜂拥而上纷纷出手购买。平时说便宜处理，顾客还以为是噱头，现在是亲眼所见了衣服的"瑕疵"，因此相信商家的打折没有掺杂任何水分。老板看到了商机，于是把没有淋水的衣服也打折处理。这个"水灾"的插曲"带火"了店里的生意。

道理很简单，如果你的商品有瑕疵，一定不能"护短"，只有把瑕疵摆在明处，才能赢得客户的理解与认可，理解比产品质量本身更重要。

还有一个类似的例子。

一个婚宴上，偌大的宴会大厅宾朋满座，推杯换盏、觥筹交错，好不热闹。在宴会接近尾声的时候，T台上来一个人，只见他缓缓地说道："各位顾客大家好，我是本饭店的经理，实在抱歉，由于我们一号厨师家里临时有紧急事情，没能赶上为大家服务，今天的饭菜味道也许不可口，望大家海涵！"台下就餐的人们纷纷交换眼神，"菜味可以呀！"可以看出，大家这个饭店的服务还是比较满意的，而饭店经理的一番话，无疑更是一个加分项。

从营销角度来看，饭店经理此举是一个非常成功的营销范例，一是他的道歉获得了顾客的谅解，二是他的坦诚获得了顾客的好评，三是把自己的产品无形中进行了宣传与"拔高"。在一号厨师没有在场的情况下，如果顾客认为有所欠缺，也一定会原谅，而不会对饭菜质量进行全盘否定；如果大家对现在的饭菜认可，就说明饭店平时的饭菜更具特色。饭店经理的这一招实在是高！

误区四：夸大商品，是在自掘"掩埋信誉的坟墓"

六

粉饰商品、误导客户，不是真正的营销技巧

营销人员在营销商品时，要讲究营销技巧，但技巧不是取巧，既不能粉饰所营销的商品，也不能靠蒙骗来误导客户。在营销中，营销技巧是用一定的营销手段让客户真真切切地明白自己所营销商品的特点，把客户不了解的商品优点展现出来，从而让客户产生购买欲望。

1. 讲究营销技巧，而不是对商品进行粉饰

某客户想购买一辆家庭轿车，在试看一款车时发现，后雾灯只有一边能亮，另一边是假的。营销员给出的解释是：这属于厂家的一种设计理念，如果两个灯都亮，可能引不起后车的足够重视，只有一个灯亮，才能让后车司机发现异常，提高警觉性。

她还向客户举了一个例子：如果你想要引起别人的注意，展示的东西就要与众不同，比如家里来客了，如果把一双鞋放在门口，可能不会引起客人的注意，但要是把一双鞋的位置反着放，即把左脚的鞋

放在右边，把右脚的鞋放在左边，客人马上就会注意到，因为那样的摆法看起来特别别扭，我们这款车就是基于这种理念来设计的。

客户听了连连点头，表示非常认可，不但不再说它有残缺，还夸赞车灯设计得比较科学，很顺利地付了车款。

2. 讲究营销技巧，而不是对客户进行误导

某客户在市里为父母买了一套房，因为父母只有冬天供暖的几个月在这里住，大部分时间还是回农村老家，所以房子里配置的电视机不需要多么高档的。他到商场转了一圈后，发现一台 50 英寸的彩电，标价才 1000 元，价格令人心动，但又不放心质量，于是问售货员为什么这台机子这么便宜，售货员说只剩最后一台了，因此折扣很低，又夸了一通该品牌的电视质量是如何地好，说如果不信可以打开电源看看。客户想了想，售货员回答的理由并不充足，剩下最后一台就便宜处理？这又不是菜市场上的大白菜，等着处理完最后一棵收摊回家。客户信不过，就走了。转了一圈，他又回到这个商场，再次端详起那台电视机，这时已换了另一个售货员。客户又问这台电视机是不是有质量保证，售货员说，这是一台样品机，主要是用来为顾客试看影像效果，现在仓库没货了，所以要把样品机卖掉。听到这样的解释，客户毫不犹豫地就把它买走了。

客户只有知道了商品降价的真正原因，才能做出合理的判断。样品机是经常被打开让客户来体验的，无非是已拆封，这个缺陷到底有多大，客户心里自有掂量。如果营销人员一味地隐瞒，反倒会引起客户的怀疑，使交易难以达成。

误区四：夸大商品，是在自掘"掩埋信誉的坟墓"

七

要学会驾驭客户的思维，不能强行引导

大家都听说过大禹治水的故事，从前黄河流域经常发生洪水，为了制止洪水泛滥，尧帝派鲧治理水灾，他的方法是简单地用堤埂把居住区围护起来以拒止洪水，但效果不佳。鲧的儿子禹用开挖河道的方法，把水引走，从而成功治理水灾。这个故事告诉我们，在营销中要学会驾驭客户的思维，让事物向有利于自己的方向发展。

对于各种商品的营销，营销人员的讲解只能起到辅助的作用，客户往往有他自己的主见，或者是对营销人的解释不认可，但又不愿亮出他的底牌。营销人员在摸不清客户底线思维的情况下，很容易陷入被动，让营销走入"死局"，却还不知道自己是在哪个环节"马失前蹄"。

例如，客户在办理银行业务的时候，有时会对存款的安全性产生疑虑，这时银行营销人员就不能一味地向客户灌输银行实力雄厚的思想，可能有的客户会反驳说，泰坦尼克号还有沉没的时候呢。怎么办？要找到客户关心的要点，客户关心的是银行不良贷款的生成会影

响到客户存款的支取，取款人多了，就会产生多米诺骨牌效应而发生挤兑。

针对客户的疑虑，某银行营销人员是这样解释的：银行是一个国家的经济枢纽，如果银行的贷款收不回来，存款人要取款，当无款可取的时候，商业银行就要硬性向人民银行借款用于支付存款，如果几家银行都向人民银行借款，人民银行无钱可借的时候，人民银行就会印发钞票。当然，这种情况发生的概率微乎其微，不过，作为客户是不会受到任何损失的。无论这样的解释是不是恰当，但客户相信了，这就是一种技巧。

客户对商品的认识有的是正确的、有的是错误的，但无论如何，在营销过程中都不能用争执的方法来纠正客户，只能引导。

客户对营销人员营销的商品有误解，这没有关系，营销人员可以采取提问的方式一步步地了解客户的思想，依据客户的思维发展见机行事，巧妙地把客户引向自己的思想轨道。如果营销人强行与客户发生争执，则最后的赢家永远都不会是营销人员，无论谁对谁错，客户流失已成定局。有谁见过哪个营销人员是通过与客户争执，实现购买行为的呢！一旦发生争执，客户不但不会购买商品，可能还会在转身离开后四处宣扬，把营销人员带给自己的所有不愉快，都迁怒到其所营销的商品上，甚至丑化商品，然后按几何倍数传播，"三人成虎"，给企业或品牌造成极大伤害。因此，营销如果不注重技巧，常常就会走入死胡同。

误区四：夸大商品，是在自掘"掩埋信誉的坟墓" ▶▶▶

八

物以稀为贵

商品的价值决定了商品的价格。对某一特定的商品，由于供给量与需求量的不平衡，会使商品的价值与价格脱节，在需求大于供给的情况下，会形成商品价格高于商品价值，这就是所谓"物以稀为贵"。

在英国的一个拍卖会上，正在拍卖一张很古老、很值钱的邮票，全世界只有两张，这是其中一张。经过激烈的角逐，富商洛克中标。他走上台前，却当众点燃火柴，把这张价值500万美元的邮票给烧了，台下一片哗然。这时，他不慌不忙地从口袋里掏出了一模一样的另一张邮票，说：原先世界上有两张，烧掉的一张卖价500万美元，现在世界上只剩这一张了，它值多少钱呢？很显然——无价之宝。

所以，商品是不是"尊贵"，不能以商品的成本投入而定，也不能以经营者的个人偏好而定。如果按照商品投入的成本来定价，那么，要想在变幻莫测的市场中始终站稳脚根，除非采取计划经济的供给制，不然，货不对路，只能有一个结果，就是严重滞销。如果以经营者的个人偏好制定价格，那么，在市场营销时可能就会盲目地夸大商品，最终只能搬起石头砸自己的脚。

商品夸大，也是一种没有遵循"物以稀为贵"原理的表现，比如商家把不稀缺的资源误认为是稀世珍宝，就是一种商品夸大。

某市在市内景观湖的周围建了几个免费停车场，为休闲的人们提供方便。有人看到停车场每天都有那么多车，便想大捞一把，于是以公司的名义，在每个停车场的进出口都建起了自动计时收费桩。但奇怪的一幕出现了，自从建起了自动计时收费桩，停车场里每天都是空空如也，大家都把车辆停在了停车场的外围及路边。

实际上，这也是商品夸大的一种表现。停车管理公司认为人们到这里休闲一定得停车，停车就应该停在这些停车场，但是它忽略了"物以稀为贵"的道理。不是只有停车场才能停车，也不是每一个停车位都需要付钱，既然有免费停车的方式，谁又愿意去停在按时计费的场地呢？就像空气到处都有，一个健康的人，又何必去花钱吸氧呢！

理解了"物以稀为贵"的道理，才能让商家正确评估自己经营的商品在市场上的稀缺值，从而正确评估商品的定价。

误区四：夸大商品，是在自掘"掩埋信誉的坟墓" ▶▶▶

九

要让商品"坦诚"地走进客户的心

1. 如实地介绍商品的性能

每一种商品，无论它的创新点多么先进，也都或大或小存在自己的短板，这些短板也许在消费者挑选商品时就已发现，如果在这个时候营销人员反应迟钝，还一味地为自己的商品护短，势必会引起消费者的反感。

在商品的性能与质量上不能说谎，要坦诚地把商品的真实一面呈现给消费者。商品营销就像人走路一样，一旦走过就有留痕，仅仅靠粉饰商品的质地打开销路，是没有未来的。

2. 如实地说明商品的缺陷

聪明的营销人会以诚待人，在营销商品时，不但向客户介绍商品的优点，还要主动说明商品的缺点、在使用过程中还有哪些不足，让消费者在心里首先设置一个价值底线,有了这个底线,消费者就有了心理预期,就不至于形成大的落差。

某客户曾在香港买了一款"周大福"牌的女式手表,从外观上看,它的款式、色泽都很美观,打开说明书,里边却写了几条商品的缺陷,其中有一条是在什么情况下会褪掉光泽。按照我们的惯性思维,谁会主动把自己商品的某些缺点白纸黑字地标明,这是不可思议的事情,殊不知,正是这样的标注,反倒让商家获得了消费者的信赖。一是一、二是二,把商品特质标注得清清楚楚、让消费者消费得明明白白,才是经商之道。

其实,在商品使用过程中,它的所有缺陷都是瞒不住消费者的,而且消费者也很清楚每一件商品都有自己的缺陷,并不是因为你主动"坦白",消费者就会把商品的缺陷无限放大。作为消费者,并不奢求商品的完美,他们更看重的是商家的诚信,信誉值千金。如果商家对客户做到毫不保留,使消费者对商品能够做到全面了解,那么即使商品有一些欠缺,他们也能谅解。只有不让客户在购物体验中感到"后悔",商家与客户之间才能建立起诚信的"桥梁"。

3. 商品销售的形式要让消费者乐于接受

商品是让人买的,不是挂在货架上让人欣赏的,营销时不能仅仅追求赏心悦目,而是要多考虑它的实用价值,多考虑怎样让客户容易接受,多考虑怎样才能让客户消费得明白。如果一件商品只是挂在墙上看着漂亮,客户买到手里却不实用,或者售卖时本就没有解说清楚,让消费者一头雾水,这都不符合销售理念。

误区四：夸大商品，是在自掘"掩埋信誉的坟墓"

有的商品被生产者标注得深奥无比，根本就没有让消费者明白的意图，如果这种商品又是人们生活中的必备品，就只能让消费者感到更多的无奈。比如一些药品说明书，往往详细地分列多项标题，让人目不暇接：名称、成分、性状、适应症、规格、用法用量、成人及儿童（项）、治疗剂量、不良反应、禁忌、注意事项、孕妇及哺乳期妇女用药、儿童用药、老年用药、药物相互作用、药物过量、药理毒理、药代动力学等，在这些标题下，还不止一项包含有分子式、参数等专业内容。诚然，这样详细的说明对医生来说还是有必要的，不过，如果能站在普通消费者的角度，为他们提供一份让人一目了然的简化说明书，岂不是更符合"一切为了消费者"的服务宗旨？

4. 用诚实唤起客户的购物欲望

如果把商品的性能与缺陷都诚实地告知客户，客户就会在心里对商品有了自己的价值底线，由此，对商品的要求可能就不会再那么苛刻。换言之，诚实的态度，有时还能够唤起客户的购物欲望。

网上曾刊登了一篇文章说，某水果店，售货的是一位老太太，生意一直很红火。水果店的营销很有特点，将每种水果的口味、怎么挑选、有什么特色都写在纸板上，很多都是儿子先试吃再写的，供顾客挑选时参考。其中，木瓜是这样写的："木瓜5元一个，打皮7元一个，希望大家都买5元的，老板的父亲不爱打皮，懒！"而橘子上的纸板写的是："青橘子，不好吃，为了配色才卖的，酸的，2.5元一斤。"这种卖法掏心掏肺，它的经营方式就是让顾客明明白白地消费，不坑不骗，遵循了自愿、平等、公平、诚信的原则。小小标语牌，打动了人心，他们的生意会不好吗？

从这篇文章后面的评语中，可见反响不一般，网友是一片点赞，纷纷竖起了大拇指："满街的水果千篇一律，有趣的灵魂万里挑一。""实话实说之激将法！这种欲擒故纵式营销，本质上就是顾客与老板之间诚信的双向奔赴。只有彼此以诚相待，双方才永不相负。""富有生活智慧的精明商家，看上去就让人觉得可以相信的，另一种深刻的广告方式，何愁没有生意呢！"

营销一种商品，你越是把它真实的一面说出来，哪怕是它的缺点、它的瑕疵，客户反倒会放心地购买，因为你让他做到了"心中有数"；反之，你越是夸大，客户反倒觉得心里越没底，不敢轻易把钱掏出腰包。客户不仅仅需要看清商品的真面目，更愿意与自己信任的人做买卖。

误区五：
找不准自己的位置

找不准自己的位置，也就是没有自知之明，再通俗一点来说就是"不知道自己是老几"。有的营销人明知自己是在做买卖，却总是抵触商人的身份，认为商人的身份不够"高大上"。这种无法自持地追求虚荣的心理，是营销工作中急需根除的一种病症。

误区五：找不准自己的位置 ▶▶▶

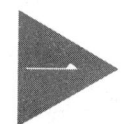

一

营销中舍弃不掉的"官本位"思维

人的思维方式受长期的社会文化传承的影响，一些人类行为、风俗习惯、思考问题的方式都是在社会的演变中随着文化的发展与延续逐渐形成的，就比如"官本位"思维。

如今，封建社会那种重农轻商的时代早已远去，"学而优则仕"的思想也随着经济大潮的到来渐行渐远，经商者也早已不再是士农工商里的"四等公民"。营销中最重要的是遵循经济规律，即经济的内在自然规律与运行法则。不过，一些过时的精神元素，例如"官本位"思维，还留存在一些营销人的脑海里，一时难以摒弃。

某饭店的一王姓领班，在工作了一段时间后，感觉已掌握了饭店经营的诀窍，于是辞职自己开了一家饭馆。由于缺少启动资金，饭馆位置略显偏僻，规模也不大。为了招揽顾客，他在通向饭馆的大路口立起一道富丽堂皇的门牌，上面赫然写着"王府大酒店"几个字，并在自己的名片上冠以"王府大酒店总经理"的头衔，实际上加上厨师、服务员，饭馆总共也只有四个人。每每与熟人见面，他就赶紧递

营销进化
走出营销中的十大误区

上一张自己的名片，"啊，混得不错，当总经理了"，每当受到亲朋好友的赞誉时，他的心里都美滋滋的。但是开业许久了，仍然门庭冷落，房租越来越高，雇员的工资月月照发，吃饭的人却一天见不了几个，慢慢地就挺不住了。

他自己总结失败的原因是位置偏僻，而另一个原因他却视而不见：营销定位错了。说是大酒店，却没有几张桌子，大型聚餐容不下；说是小饭店，想简单吃个便饭的人，光是看到门牌上写的"王府大酒店"那几个字，就不敢轻易走进来。做生意想赚钱，就得把自己的生意"吆喝"得明明白白，不能让客户有距离感，他之所以把力气都用在摆花架子上，皆是虚荣心在作祟，而虚荣心的根基就是"官本位"思维。

某客户路过一条商业街，在一个谈不上繁华但也不算偏僻的路段上，看到一家不太显眼的门面，门口的招牌上写了一行字：××环岛碧雕宜居体验中心。该客户以前不止一次经过这里，对这个不明不白的招牌从未在意过。这天，出于好奇，他走了进去，一看，原来是在推销楼盘。

如果是卖水果，可以尝尝体验下口感；如果是卖衣服，可以穿上看合不合身。一个楼盘，又怎么让客户去体验呢？再者，写那么长的门头，用那些词不达意的文字，又怎能一目了然地招徕客户呢？如果直接把门头改写成"售楼部"三个大字，有什么不好呢？

商家之所以不写"售楼部"，也许是认为这三个字太俗了，而沾上"中心"二字，就能靠上"管理阶层"的边，就能向"高大上"靠拢。

诸如此类的例子还有很多，一个水果店称为"水果销售中心"、一个烟酒店称为"烟酒零售中心"、一个不知道是卖化妆品的还是做美容的店称为"皮肤管理中心""疼痛调理养生中心",等等。

××市有一条环形路,名叫卫星路,路上有一家废品收购站,这家废品收购站借靠路名在门口竖起一块硬板招牌,上面竟然赫然写着"××市卫星回收中心"。

其实,做生意按市场原则办事即可,"官本位"这种价值取向实在不可取。

营销进化
走出营销中的十大误区

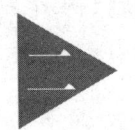

一

走不出"权力至上"的情结

某客户走进一个售楼部,想问问房子的行情,待了很久,也不见有人接待。客户便直接喊道:"这里有没有服务员?"还是没有人应声。大厅里七八个营销人员都低着头,装模作样地在忙,好像没有一个人听到。

客户很纳闷,他便走到一个营销人员跟前,问:"你好服务员,能接待一下吗?为什么没有人搭理我?"

只见这个女孩缓缓地抬起头,不冷不热地回答道:"先生,对不起,我们这里没有服务员,只有置业顾问。"

客户这才恍然大悟,人家现在不叫服务员了,而是叫"顾问",蕴含着满满的"权力"味道。客户便改口问:"哪位顾问有空呀?"这时,一张张热情的脸都扬了起来,看得出,不管叫任何一位顾问,她们都会热情招待的。

"服务员"并不是什么低端的名词,它是广义的,不是特指。也不知道从什么时候开始,这个称呼被人嫌弃了,而在大多数人的心目

误区五：找不准自己的位置

中，往往感觉"顾问"的称呼会高人一等。像如此，经济活动里夹杂了太多的权力观，势必会成为经济运行中的不和谐音符。

还有一些从金融系统高管职位上走出来的人，感觉自己是"金融通"，办起了金融性质一类的公司，如担保公司等。但他们哪里知道，在万吨巨轮上他们只是领导群体中的一员，一旦自己驾驶小舟，就真的要在风浪里搏击。商场不是宦海，权力在此失效，他们在经营过程中开始逐渐走偏，最后公司垮了，这些曾经的高管们狼狈不堪，再也没有了昔日的精气神，他们的高光时刻像东去的流水一去不复返。

分析他们失败的原因，除了其自认为的市场行情因素外，主要是他们"走不出庐山"，又怎么能"识得庐山真面目"。

要说金融系统的高管没有工作能力，显然是说不通的，问题是他们在过去的经营中运用的管理手段往往是行政成分居多，他们的职务是在工作过程中被提拔的，负责的仅是局部工作，职务的高低只是反映广度与深度的不同而已。他们没有真正去海的深蓝区搏击遨游，没有经过大风大浪的洗礼，他们只关心自己的成就，不善于洞察自己经营的最终结局。没有这层压力，就像在无人路段练车，练得再熟，与真正行驶在川流不息的大街上，终究有一段心理距离和技术差距。但他们往往又不自觉，认识不到自身的缺陷和软肋，待到跳入大海，才知道深不可测。不知道水的深浅，且用行政运作的思维来拨弄瞬息万变的市场，往往会造成"水土不服"的结果。

这些昔日的高管们，一般都有一定的学识水平，也许是受客观营销环境中自由发挥的限制，这种学识没有在实践中转化为主观能动性，这种学识的"闲置"形成了思维懒惰的惯性，他们本应有的才能潜力在养尊处优的工作状态下渐渐"退化"。当真正独自闯荡下海经商时,他们被高管的虚弱光环遮挡了认识自我的眼睛,自身能力的局限及知识运用的欠缺,致使折戟沉沙,却还不知道是风的灾还是雨的祸。

误区五：找不准自己的位置 ▶▶▶

三 追求品位，想得到偏偏又失去

　　品位是指一个人的道德情操与趣味修养。有许多人在追求品位，但品位是内在的东西，不是能够观察模仿出来的表象。在市场营销中，一些人总是想刻意提高自己的品位，但做法一旦错位，就像在本不算美的脸上涂了一层白粉，反而土得掉渣。

1. 起生僻的名字以彰显自己的文化水平

　　起名字的诀窍在于响亮、上口、文字意蕴好、容易书写等，但有一些商家为了在营销中站在文化的制高点上，为标的物起的名字就违背了这个规律，有的名字不翻字典都很难明白它的读音与含义。例如珑樾仕府、怡龠馨苑、夒寨凤巢等，这是开发商为其开盘的住宅小区起的名字，小区的业主都免不了遇到翻阅字典的困扰，当别人问起自己在哪个小区住的时候，传递信息也非常吃力，熟人朋友想记住这个小区名字，需要有非凡的记忆力。还有的饭店门头上写的名字叫皞齑饭苑，有的旅店门头上写的是争蒸驲上，有的花市起名字叫鹨榧园，等等。选择难以辨认的字作为名字，说明不了起名字的人水平高，恰恰相反，把起"愁煞人"的名字引以为豪，误以为名字难倒众人就能体现出自己文化水平的高深，他自己却不知道，这正暴露出本人学识的浅薄。

2. 起"高雅"的名字衬托自己的文化素养

人总是喜欢高雅、崇尚高雅，但高雅是在一颦一颦中的自然流露，而不是在门楣上贴上高雅的标签就能彰显自己的品位。例如，有的小区叫书香门第、名门世族、儒林之秀等，更有甚者，小区大门上赫然写着"往来无白丁"。作为生活区，这些名字貌似高雅，实则俗不可耐。如果有人问你在哪个小区居住，怎么回答？"我在书香门第"，或者"我在儒林之秀"，让人听起来总感觉怪怪的。名字起得不贴切，会让人看了似是而非，甚至产生误解。本想起一个好听的名字，却不能有效地招徕顾客，也违背了营销的初衷。

高雅存在于语言的韵味之中，存在于文字的意蕴之中，而不是存在于外表的作秀和花腔字面，时时处处想卖弄高雅，反倒是最大的低俗。

一位客户到了西北某个城市，晚上住的位置有点偏，下楼在附近转悠了一圈，没有找到饭店，只能回宾馆吃了碗泡面。第二天问宾馆服务员，才恍然大悟，原来服务员指点的一家饭馆，门头上写的是"蘭亭叙"，这个名字与"吃饭"可以说是没有丝毫的联系，又怎么能让人看出是一家饭店呢？饭店老板自认为名字起得很高雅、有品位，却没有表达出自己经营的内容。

为了促销，商家常常到处打广告，唯恐别人看不到自己经营的商品，现在却在这么醒目的门头上写了词不达意的文字，这与宣传的本意不是相悖吗？

3. 故弄玄虚

营销的基本目的，是要让客户明白自己卖的是什么东西。一个户外电子屏上曾有一则广告："想要888，请到老城拉。"很多人看了广告后，都不知道这是在卖什么商品。假设某客户想买油漆，自己又不是专业人士，不懂得里边的型号或代号，那他也不会太讲究，只要是漆都会考虑前去购买。但商家打的广告只把这个型号或代号宣传出去，客户并不知道它是油漆、涂料还是其他什么材料，自然与此商品无缘。如此广告，就起不到它应有的效果。

当下，一些故弄玄虚的广告比比皆是。在一条商业街上，有一个门头上写着"KariDon——隔热节能"，无其他解释性的文字。客户进去一看，才知道是在卖玻璃隔热膜。如果某人在大街上溜达寻找隔热膜门市，可能真的想不到踏进这个门，因为他不知道 KariDon 就是隔热膜。也许专业人士看得懂，但问题销售目标不是针对专业人士，而是面对社会大众。

在某小区大门左侧，新开张了一个门市，门头上写的是"骏眉中国"。刚开始，某客户不知道是销售什么商品，常在它门前经过，也从未留意。一天该客户进到店里，才明白是卖茶叶的，并获知"骏眉"是一种比较名贵的茶叶，至于为什么带一个"中国"，他也不敢

营销进化
走出营销中的十大误区

多问，怕人家说自己没见识。更让客户好奇的是，他们卖的茶叶并不仅仅这一种，各式各样的茶叶应有尽有。

客户问售货员："既然各种茶叶都有，为什么只把一种茶叶的名字标注在门头上？"

售货员说："因为这个是好茶叶。"

客户对售货员说："我给你们提个建议，请转告老板，必定会有助于你们的生意。"

客户的建议是：对不懂茶叶的人来说，门头字没有吸引力，不知道它是茶叶门市；对懂行的人来说，同样没有吸引力，因为他们会以为这里只卖一种茶叶，如果想买普通茶叶，也许就不会进此门店。好比经营一家超市，本来超市里的商品琳琅满目，各种商品价格有高有低，应该起一个能反映货品齐全的名字，诸如百货超市之类，但如果选择"牛肉店"或"五粮液"等作为店名，那老板是不是脑子缺根筋？同样的道理，如果把"骏眉中国"改成"茶叶经销店"之类的名字，保证销量大增。售货员笑了笑，不置可否。过了一段时间，不见有改装动静，又过了一段时间，"骏眉中国"的店名终于去掉了，但门头上显示的是"百姓火锅店"——换店家了。

所以，在营销中，我们卖的东西是什么就要告诉顾客是什么，不能为了追求高雅，故弄玄虚，更不能为了提升品位，词不达意。

四 不能照搬照抄"狼性文化"

"狼性文化"的本意是带有野性的拼搏精神,但这种拼搏精神隐含着利益的不对等。狼的本性是野蛮、残暴、贪婪,这几个特性的前提都是对利益的追求,"狼性文化"里包含团队合作精神,但团队合作只是一种手段,无法替代追求利益的本性。

团队是为谋求自身利益暂时达成的一种平衡,一旦预期目的达到,团队成员就会互不相让,争抢果实,原来维持的平衡很快就会被打破。团结的初衷是为了自己目标的完成,这里边包含的贡献精神却恰恰成了被边缘化的东西。一些企业总想照搬照抄"狼性文化",促使被管理者摒弃独立的个性思维,统揽到一个被制约的状态,以让这个特定的团体释放最大的能量,从而获取最大的利润。但是通过实践,均无果而终。

某一大型超市,每天开门之前,都要在前面的广场上举行一个开张仪式。只见超市售货员排成两列,面对面地摩拳擦掌做着准备工作,首先是领导训话,然后互相出手推击对方,尽管是象征性地发力，也足以显示出寸土不让的拼搏劲头。经过这个阵仗，个个头发蓬乱衣衫不整，把老板要的一种"拼劲"演得活灵活现。接着重新列队一一对应站齐，面对面的两个人用手指着对方的脑门，大喊："我是最棒的，我是最棒的，今天我保证销售××元！我是最棒的，我是最棒的……"嘈杂声之大，让过路的人都感到吃惊。

商家的出发点大概是为了培养营销人员的"狼性文化"，从而让他们干活时拼尽全力。有效果吗？听听这些销售员是怎么说的："天天得先发一阵神经，还不如多干一会儿活呢！"当问到他们是不是经过这样的"宣誓"，上班时就会提起了精神气，销售员们一咧嘴说："不给钱谁给他干呀？超市多着呢，哪里工资高到哪里干。"由此看来，什么"狼性文化"，只不过是自欺欺人的作秀罢了。

类似这样的"狼性文化"培养，有两个负面效果：一是销售员们信誓旦旦的许诺，是向老板保证要把商品推销给客户，而客户希望的是能够自主地选择、舒心地购物、明明白白地消费；二是面对超市开门前预演的这一"疯狂"场景，客户从心理上就有很强的抵触感，对商家商品的档次与质量的认可度已大打折扣，即使商家再卖力营销，客户也总感觉其中有让人信不过的成分。

五

营销潜力挖掘不能无限制

"欲使其灭亡,必先使其疯狂",意思是只要某人达到了疯狂的地步,就预示着他离灭亡也不远了,其包含的哲理是物极必反。把这一至理名言搬到营销学中,就是喻指在经营中不能盲目地无限扩张。诚然,有些人春风得意,生意越做越大,但这个"大"是有一定极限的,这个极限在哪,要靠经营者自己来把握与权衡。一旦经营者忘乎所以,盲目拓展业务面,势必会使生意走向歧途,甚至一夜之间天翻地覆。

某县城一个经营餐饮业的小伙子,历尽艰辛,从一个卖早点的小摊贩,逐渐卖出了名堂。他的饭菜做得好,摊位整理得干干净净,很受人欢迎,又加上说话和气,因此来这里吃饭的人特别多。慢慢地又租了房,竖起了招牌,雇了帮手,生意越做越火红。饭店的规模和知名度逐渐扩展,人流量激增,厨师和服务员也越来越多,他俨然成了一个大老板。

随着饭店的名气越来越大,小伙子被县政府冠以农民企业家的

营销进化
走出营销中的十大误区

光荣称号,他的创业故事也传遍了老家的十里八村,父母与人聊天全是有关儿子的题材。如果按照当时的发展潜力,也许还可以扩大再生产,比如把饭店再继续上规模,甚至发展到"吃住一条龙"的经营模式。但是他并没有按照这样的发展思路走,而是想办成一个企业集团,涉及多种行业。他付诸实施的第一步是创办了一个预制板厂和一个钢材销售公司。正是这不慎的一步,把他带入了经营的深渊。

预制板厂由于市场行情的变化,产品严重滞销,资金无法回拢;钢材销售公司也不景气,销售的钢材账款收不回来,后续资金无以为继。眼看两摊生意将处于停摆的状态,小伙子自己只顾着为此奔忙,疏于对饭店的管理,饭店经营也开始走下坡路。到最后,自己赚的钱全赔了进去,还欠银行贷款几百万元。一个年轻有为、全县商界知名的企业家,就这样走向了衰落。

成功源于自己的勤奋努力与天赋,也在于自己的机遇,但机遇又有着极大的偶然性与必然性。从必然性来说,没有自己的努力,将一事无成,成功是属于有准备的人,只要你努力了,就会有灿烂的明天;从偶然性来说,努力并不一定必然走向成功,还得看自己对目标的选择,以及目标的可操作性和自己潜力的发展空间。懂得饭店经营,不一定也懂钢材与预制板的经营,对这些行业的盲目选择,源于对市场、政策及自己经营能力的综合评估不足,所扩展的业务不是自己的长项,盲目扩张势必走向失败。

一个女孩高中毕业没有考上大学,在商业城开了一家美甲店,谢天谢地,这一步没有走错,店里的生意非常红火。干了几年后,她不甘于自己一间小屋的美甲生意,又在其他商场分别租了三个摊位,她就在这四个点之间来回穿梭。但是经过一段经营后,她泄气了,感觉

误区五：找不准自己的位置

不赚钱。后来她放弃了新拓展的几个点，赔了些房租，又开始专注经营自己的小店。问起什么原因，她说她自己也说不清。所以，要想拓展新业务，进入新领域，就得有相应的准备与条件，不能想当然，头脑一热就做出决定，那样势必会付出惨痛代价。

营销潜力挖掘不等于无限扩张，这个"限"是一个既模糊又清晰的度量值。说它模糊，是因为不能把这个"限"进行量化，究竟达到多少为宜，而是要看具体情况，要依据自己的能力、精力及对该项业务的熟练程度等要素而定。有的人开了一间门市就扬扬自得，有的人把生意做到了国外，却仍然疾步不止，这需要依据自己的实际情况，循序渐进。说它清晰，是因为一个人经营什么内容，是由自己本身的业务知识面、专业工作经历等因素决定，自己善于经营什么、不擅长经营什么，要心中有数、心如明镜，起码从理念上做到不越雷池一步。

营销进化
走出营销中的十大误区

六 走出营销行为中模糊思维的困境

营销行为中的模糊思维，是指营销中掺杂了非市场经济元素而营销者又不自觉。营销就是一种商业行为，营销的目的是使一定价值的商品通过交换带来利润，要想保证交换的稳健运行，就必须把营销做好做大做强，其前提条件就是让营销真正地姓"商"，不能附加不属于市场经济元素的思维模式，也就是模糊思维。那么，怎么才能走出模糊思维的困境呢？

1. 市场营销应与"官本位"脱钩

营销就是要把商品卖出去，或者把服务商品化，卖给消费者，其目的都是赚取差价，获取利润。只有在这样的指导思想下，才能使营销行为有一个清晰的运行轨迹，不至于在营销过程中夹杂一些非商业元素，保证商业活动朝着健康的方向发展。

某公司下辖10个分公司，其中有6个分公司都在市内，6个分公司又各自下辖3个营业站点。公司以往进行过多次改革，但成效并不突出，改革带来的经济效益不明显。每次改革实际上就是提拔新干部，原来的干部退去的少，新增加的干部越来越多，造成干部队伍庞大、机构臃肿，管理人员多、一线员工少，扯皮的多、干事的少。提拔的干部不是把自己的身份与职责挂钩，而是总把身份与正科副科等行政级别对应，不是能者上庸者下，而是能上不能下。

终于，公司领导铁腕改革，实行扁平化管理，把市内的6个分公司撤销，18个营业站点直接归总公司管理。对6个分公司的经理、副经理20多人进行了优化调整，有的异地使用、有的充实一线，基本工资待遇降半格，奖金与站点盈利水平挂钩，有的到总公司科室候任，候任期间工资降半格；6个分公司的科室人员实行双向选择，一是到一线岗位，二是到总公司科室应聘，三是补充营销队伍。经过调整与改革，增加了一线人员的数量，减轻了一线人员的工作量，提高了盈利水平；撤销了二级机构，减少了上传下达的繁复劳动，畅通了一线站点与管理层的信息传递。

商业经营从本质上来说就是大营销，作为一个企业，一切的管理都应为商业经营让路，而不能让"官本位"思想束缚住市场营销的手脚。

2. 正确看待市场营销在社会中的地位

改革开放40多年，市场经济在人们心中已占有举足轻重的地位，但很多人的观念里还是不自觉地把经商行为进行"矮化"，在市场营销中总是表现得不太自信。他们对改革开放的基本原理只是停留在感

营销进化
走出营销中的十大误区

性认识上，没有彻底地从思想的高度去消化、去思变，没有达到观念上质的飞跃。因此，那些有创新意识的觉悟者，要勇于成为经济领域里的开拓者，在市场营销的具体实践中大胆地走出自己的路。

从前有一个冰糕厂，经营有方，效益很可观，后来随着社会经济的发展，冰糕不再受大众的青睐，生产规模开始萎缩，效益锐减。为了走出困境，厂领导要求大家集思广益，找出一个走出困境的突破点。经过研讨，大家制定出几条措施，其中一条就是以多种形式大力营销，于是，一些职工也开始上街摆摊设点，成了卖冰糕的"小商贩"。这种又苦又累的营销方式，使一些职工的思想慢慢地有了浮动，接受不了这种"残酷"的现实，大家开始议论纷纷，尤其是由工厂工人到小商小贩身份转变的落差，让许多员工心灰意冷。某一日，厂里有员工看到一个前胸挎着冰糕箱的人，喊得非常起劲："卖冰糕——卖冰糕——"走近一看，原来是厂长！瞬间，员工的思想找到了平衡点，转变了观念，大大方方地继续卖起了冰糕。这个消息不胫而走，对全员营销起到了很大的鼓动作用。

再来看看淄博烧烤现象。淄博烧烤"火"起来后，在网上不断发酵，几乎一夜之间，一个名不见经传的三线城市迅速上了热搜。淄博烧烤的"火"，也许有炒作的功劳，但不得不承认，作为一个城市整体，淄博的营销工作做得很好，这是一个不争的事实。营销的着眼点在哪？请看网上的报道，在"五一"假期远远没有到来的时候，市委书记就邀请清华大学和北京大学的学生到淄博免费旅游，除了来回路费，学生们可到指定的旅店免费入住，持学生证到景点享受优惠票价，这一系列的举措，带火了整个淄博。慕名而来的人络绎不绝，淄博也让游客开了眼界：出了车站就是烧烤摊，光是排队就排了两个小时，方圆几千米连出租车和共享单车都找不到。火热的场景让人叹为观止。淄博的营销是一种大营销，在这一营销过程中，无论是领导层还是民众，都找准了卖点，把握好了营销人各自的位置，终于使淄博成了全国城市的"名片"，营销取得了成功。

3. 营销要接地气

营销的目的是要把商品卖出去，只有卖出商品，才能体现出营销的价值。出于这个目的，营销人所使用的一切手段，都要有利于客户对商品的了解与认可，只有让客户愿买想买，营销才能达到应有的效果。在市场营销中，找准营销的点与找好自己的"站位"一样重要，如果营销方法与营销手段不被大众看好，营销的内容让人看了一头雾水，就会造成事倍功半的窘境。

作为一个营销者，在营销过程中要仔细研究社会大众的心理，想他们所想，要做社会大众的知心人，要把准自己的商业脉搏，融入广大客户的购物理念。在营销中，不能为了树立自己的形象刻意做作，作为商家要学会曲身俯首，谦虚是最好的营销催化剂，如果让客户感觉商家高高在上，那么他们永远不会买账。

网上曾报道，河南洛阳某地文旅局领导组成"代言团"，在新安等地品茗弹琴、挥剑舞扇，山东一文旅局长为游客跳霹雳舞，等等，这都是很有看点的营销方式。此外，大家看到抖音上的广告，都有一个共同的特点，就是与观众互动，让观众感觉这些营销人与自己已融为一体。营销不能游离于百姓所能接受的理念之外，必须接地气。

4. 营销要量力而行

　　天下的生意多的是，谁又能做尽做绝？在生意场上不能生猛地去学蛇吞象。每个商家都有自己营销的辐射边界，每个人的精力都有一定的限量值，不能为了盈利为了赚钱，就忘乎所以。把胳膊伸得太长，就容易暴露自己的软肋，就容易在市场中受到经济规律的"惩罚"。作为市场营销的实施者，不能既卖矛又卖盾，手忙脚乱带不来更多的盈利，过于贪婪，就会被沉重的经营包袱压垮。

误区六:
总想榨干所有的利润

追求利润是商业经营的最终目标，每一个商家都是为利而来，但追求利润要有一个度，这个度不是指利润的绝对值，而是指商家经营中对利润"榨取"的深度与广度，如果商家拿捏不住这个度，则无异于竭泽而渔。

误区六：总想榨干所有的利润

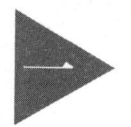

▶ 一

"斤斤计较"不等同于精打细算

精打细算是指支出与收入计算得非常细致，并让每一分钱都发挥其应有的作用；斤斤计较是指太见小，不放过一丝一毫的利益以及过分计较无关紧要的事情。商家经营中成本核算的理念，体现的是精打细算，而不是斤斤计较，如果商家让客户感觉到"抠门"甚至过分贪婪，客户就会失去与商家做买卖的意愿，面对商家的营销，客户从主观上就有一种抵触情绪。

某个超市在经营过程中发现顾客总是"浪费"塑料购物袋，往往在装填商品时多套一层，也许有的是担心部分商品如小米、鸡蛋等用一层袋子装不安全，也许有的单纯是为了拿回家当垃圾袋使用。针对这种情况，超市出了个怪招，把购物塑料袋打上孔，只有购买米、肉等少数商品时才提供专门的不打孔塑料袋，这样即使顾客拿回家，也不能当作垃圾袋使用，以期能制止塑料袋的浪费。实践的结果并不理想，只是招来了顾客的非议，降低了顾客对超市的好感度，而浪费塑料袋的情形一如既往。

超市的做法就属于斤斤计较，却没有计较出孰轻孰重。一斤购物塑料袋也就两三元钱，超市的菜品食品平均价格并不比购物袋低多少，顾客多用的购物塑料袋与所购买的商品一块过了秤，付了款，超市并没有吃多大的亏，可超市却没有算清这笔账。

再看某饭店的做法，则恰恰与其相反。

某市的繁华地段，有一家生意很红火的饭店，它招徕顾客的其中一个"绝招"就是辣椒油，香气四溢，相当多的客人都是冲着它的辣椒油来的。但是，老板在经营过程中发现了一个问题：有一些新顾客是冲着名气而来，并不熟悉这家辣椒油的口味，当把辣椒油放在饭菜里后，才感觉不对，辣得直冒汗，最后把饭菜也剩下了，造成了浪费，客人也没有收获完美的体验。

老板每每看到满桌狼藉，心里都不是滋味，既心疼糟蹋了原料，又担心倒了顾客的胃口。如果因此停止提供辣椒油，确实节省了成本，但这样做无异于失掉了一部分客户。老板没有这样做，而是想出了两种办法：一是用另外的不太辣的辣椒品种代替，二是原辣椒"掺假"，即在辣椒里掺一些替代食材，起缓冲作用，这样不至于让新客户稍不留神就把辣椒放多了，造成不必要的浪费。经过试验，这两种办法都不是绝佳的方案，一是换辣椒品种做不出原来的味道，二是"掺假"的方法固然可行，但又满足不了一部分爱吃辣的客人需要。于是，老板又选择了另一种方案，就是把辣椒用不同的方法做成强辣、中辣、微辣三种辅料放在桌子上，分别贴上标签。这样既达到了节省的效果，又迎合了顾客的口味，收获了大家的口碑。

为什么把辣椒油的问题上升到精打细算的范畴呢？可以从下边的例子来感悟这个道理。

误区六：总想榨干所有的利润

　　某位顾客总是固定在一个饭店吃早饭：油条、豆沫、咸菜。为什么呢？油条各家都一个味道，豆沫各家也都一个味道，但重点是这家的咸菜不一样。其他饭店的咸菜大都是白萝卜、大白菜，唯独它用的是本地不常见到的绿叶菜——雪里蕻，就着吃特别下饭。因此，早上到这家饭店吃饭的人明显要比别家多，这就是雪里蕻的"魅力"使然。

　　如果斤斤计较，顾客贪吃雪里蕻，可能会吃得让老板心疼；但如果按另一种算法，增加了雪里蕻的小成本，挣来了早饭主食的"大钱"，这才是真正的精打细算。生意经就像一层一捅就破的纸，但能不能捅得破，就看各人的悟性了。邻居的饭馆生意没有这家的好，也许他们永远都解不开这个谜，有同行无同利，大概说的就是这个意思吧。

二 商品定价不能太机械

不同的商家对同一种商品成本的核算，由于运输、房租等投入的附加值不同，核算的结果也不相同，由此决定了不同的商家销售的同一规格商品价格也不完全相同。客户从消费的认知上承认这个商业规则，但在购买行为上又不接纳依据成本标价的现实，他们绝对不会体谅商家的成本有多高，而是只选择谁家的商品物美价廉，如果商家机械地以各种商品的成本来定价，势必会在价格竞争中吃亏。

在这样的规律面前，商家在计算商品成本时就不能太机械，也就是说，不能刻板地按照商品的成本以同样的系数放大标注价格。有的商品能赚钱，有些商品不能多赚甚至不能赚钱，比如一瓶娃哈哈纯净水，大家都知道价格是2元，你非要把它标成3.5元，马上就会有客户从这瓶水上判断出你的店铺卖的商品定价偏高。对于一个价格透明的商品不能随意加价，不然会引起客户的误判。但是，如果不上架这种商品，日用百货缺少了常用商品，怎么办？最好的办法就是将这部分少得的利从其他商品身上获取，比如地漏、床单、铁锅等人们不常购买的商品，这些商品如果价格标得稍高一点，客户不会发觉。只有这样定价，才不会轻易地让客户抓住商家"贪婪"的把柄。

依据客户的消费特点，在众多商品中客户对各种商品购买的频率不尽相同，可以把这些商品分为三类：第一类是客户经常购买的商品，例如瓶装水、副食品等；第二类是一些大件商品，比如电视机、洗衣机、冰箱等电器以及床、柜等家具，是客户不经常购买但会对价格进行比对考量的；第三类是客户不常购买但又不至于花大工夫对商品价格进行对比考量的，例如床单、酒水、饭锅等各种日用品。对于这三类不同的商品，在价格制定上应掌握不同的"游戏"规则。

第一类商品的价格透明度高，这里说的透明度高不是指成本构成被大众所知悉，而是指顾客在频繁的购买过程中对它的价格有记忆。对于这类商品，商家在计算它的销售成本时不能按照其他商品的核定规则来制定价格，应该抱着"不赚钱"的心态来营销，也就是在其他商场卖什么价格，也跟着卖什么价格，即使商场由于豪华装修等摊入的成本比其他商场高，也不能过多地在这类商品上"薅羊毛"。

第二类商品的价格也比较透明，透明的原因是客户会在不同的商家进行咨询对比，这些商品不易把成本核算得过于离谱，但有一个浮动的空间可利用。基于品牌、样式、型号、尺寸、质地等的不同，客户不易详细对比，只是有一个大致的价格概念。比如电视机，在其他商场不一定有同样的款式、同样的品牌、同样的型号等，这样客户就不可能精准衡量出某款电视机与其他商场的价差；再比如家具，在不同的商场有大致相似的款型，但不可能非常容易地找出完全一样的货品，客户也同样无法比较出不同商场之间的精准价差。基于上述情形，可以把不同的成本核算揉捏进去，商家相对有一定的可挖掘的价

营销进化
走出营销中的十大误区

格空间。

第三类商品有相对较大的计价裁量，因为这类商品客户不经常购买。一是客户对它的价位不熟知，也就是前边说的价格不透明，至于酒水一类，虽然人们购买的频率比较大，但由于酒的款式非常多，不同商家同款的重复率低，这类商品的价格客户也不易对比；二是此类商品价格相对不高，不属于大宗商品，客户对其价格不敏感；三是客户不值得为此类商品进行价格对比费尽周折。所以，商家应在此类商品的成本核算及定价上作一作文章，相比之下，有厚利可赚。

当然了，如果一个商场专卖某类商品，则另当别论。

以上对三类商品的定价需要拿捏的分寸进行了分析，知道了哪些商品应依据成本就低定价、哪些商品可依据成本就高定价。现在要问的是，对价格透明度高的商品依据商家进货成本核算把价格定位偏高，有什么不良后果呢？

顾客的购买行为大致分为四个阶段：感知、判断、购买中、购后评价。在感知阶段，顾客对商家的规格、品位、档次、舒适度等只有一个感性认识；在判断阶段，顾客对商家产品的价格定位有了一个初步的了解；购买中是指在购买过程中的具体挑选；购后评价则是对购买商品的消费体验与品评。顾客在购买行为的第一阶段——感知的基础上，会进入第二阶段——判断的过程，即顾客会依据熟知的商品价格来判断商家的商品整体定位，以此来决定下一步的购买行为，如果顾客判断该商家同质的商品定位偏高，商场的所有商品就会在其脑海里烙下高价位的印痕，这样顾客的购买行为就不易进入第三阶段——购买中。

那么，客户的第二阶段即判断过程从何而来？主要来自第一类商品，也就是价格透明度高的商品，因为只有这类商品才忠实地履行了为客户提醒的义务，即在该商家购买商品是不是物有所值。而在顾客对后两类商品价格进行判断时，第一类商品价格的高低是一个很重要的参考值。

鉴于此，商家对商品的定价就要以不同的方法区别核算，要灵活掌握价格竞争的营销策略，以便在商品销售中增加客户的认可度。

三 误认为薄利多销中的盈利弥补不了利薄的欠收

薄利多销的道理非常浅显，只是商家一旦真的实施此种营销策略，总是下不去"薄利"的手。商家有两个"纠结"：一是薄利是不是一定能多销，二是多销收入带来的利润能否抵得住利薄的机会成本。

1. 薄利是不是一定能多销

薄利当然能多销，但不能把这个问题简单化，衣服便宜了有可能是面料残次，电影票便宜了也许是上座率低所致，学费便宜了有可能是升学率指数不高，食用油搞特价则可能是不符合新标准，对于一些非常现象人们会习惯性地联想，在所难免。人们遇到与心理期望价格不匹配的商品，总会打一个大大的问号，这并不奇怪，是一些行业乱象扰乱了公众的认知，但也不能因一些个例事件而动摇人们对薄利多

误区六：总想榨干所有的利润

销理念的坚守。

薄利多销，需要营销者把原因明示给客户，只有让客户消费得明明白白，才能打消客户对薄利商品的顾虑。比如，我们走进商场看到了特价衣服，就想弄明白是真特价还是假特价，是不是衣服面料质量差，是不是商家的噱头。顾客总是信奉"买家永远没有卖家精"，总怕图小便宜吃大亏，所以要想让客户认识到特价商品没有越出货真价实的界，就得把商品特价促销的原因解释得清清楚楚，例如号码不全，这样回答会立即引起客户的兴致，这样的理由也能够让客户信服。但是，当客户不问原因时，商家亦无法主动一一提示，怎么办？应该用文字标明。依此逻辑，饭店菜价便宜是因为房租低，衣服处理是因为已经过季，青菜价低是因为产销一条龙等，这些都是很有说服力的营销点，只要标明，客户就会欣然接受。

在日常的一些商品做特价处理时，有些营销员却遮遮掩掩，生怕客户知道了特价的原因就会乘人之危一样，不敢说鞋码不全，不敢说自己的进货价格低，不敢说衣服已过季，这些顾虑其实是多余的。客户想要的是货真价实，符合自己的心理期望值，他并不关心你赚了多少钱，只关心自己少付了多少钱。只要营销方法得当，客户就会认可。

2. 多销收入带来的利润能否抵得住利薄的机会成本

这是对某市一个小型饭店的调研，先以一碗面条为例来剖析。

该饭店主营面食与其他一般菜品，整个营业额中面条与菜品各占50%的份额。为便于叙述，下面不再提及菜品占用的固定成本，而把

营销进化
走出营销中的十大误区

面条的固定成本按照总成本的 50% 计算，现在来计算一碗面条的总成本。

变动成本：白面 0.4 元、食用油 0.1 元、其他辅助材料（包括肉、酱油、盐、青菜、老汤、味精等）0.4 元、水电燃气 0.05 元，变动成本总计 0.95 元。

固定成本：房租 70 平方米，按每方米每月 40 元，价款平摊 50% 是 1400 元，每日约 47 元，按每日卖出 100 碗饭，一碗饭的房租约 0.47 元；雇用的厨师工资按每月 6000 元，平摊在面条上的工资是每月 3000 元，日工资便是 100 元，100 碗面条一碗平摊 1 元的厨师工资；管理费用 3000 元，按 50% 分摊计算，每一碗面条的管理费用也是 0.5 元钱。如此，一碗面条的固定成本总计是 1.97 元。

固定成本与变动成本两项合计是：0.95+1.97=2.92（元）。

一碗面条的销售价格按 10 元计算，则每碗面条不扣税的毛收入约为 7.08 元，那么，饭店一月的毛收入是：30（天）×100（碗）×7.08（元）=21240（元）。

下面围绕薄利多销与常用的营销两种方法来做对比。

该饭店把盛面条的碗换成大一号的，一碗面条的总量增加了 30%，先按照惯常的营销思路来计算：原来一碗面条卖 10 元钱，现在总量增加了 30%，自然一碗面条的价格应增加至 13 元。由此来衡量商品分量的增加带来的同业竞争力，应该没有变化，因为客户心理上的商品性价比没有变化，客户的消费行为不受影响。

再按薄利多销的思路来计算：仍然是把一碗面条的总量增加 30%，则变动成本也按 30% 增加，即变动成本为 1.235 元。问题是这时的固定成本已不是原来的数值，因为即便饭店经营者卖出面条的价格不变，但分量增加，价格相对便宜了，顾客量就会增加，那么场地也相应需要扩展，这里暂且按 100 平方米面积计算，客流按增加 30% 来说，即每天卖出 130 碗面条，再来看一碗面条的成本。

变动成本是一碗 1.235 元。固定成本的分摊是：房租每日约 66.67 元，每日卖出 130 碗饭，一碗饭的房租分摊是 0.51 元；厨房增加一个帮工，厨师与帮工的工资按每月 10000 元，也就是用在面条上（扣除菜品分摊）的工资是每月 5000 元，日工资便是 167 元，130 碗面条一碗平摊 1.3 元的厨师工资；管理费用 3000 元不变，按 50% 分摊计算，每一碗面条的管理费用是 0.38 元钱。如此，一碗面条的固定成本应为 2.19 元。固定成本与变动成本两项合计约为 3.43 元。

一碗面条的销售价格仍按 10 元计算，每碗面条不扣税的毛收入是 6.57 元，饭店一月的毛收入是：30（天）×130（碗）×6.57（元）=25623（元）。

也就是说，饭店原来一个月的毛收入是 21240 元，采用薄利多销的方法，将面条的分量增加 30%，售价不变，吸引了更多的顾客，销量增加，致使扩大再生产，一个月的毛收入为 25623 元，较以前增加了 4383 元，毛利润增长了 20% 左右。可见，多销收入带来的利润不仅抵得住利薄的机会成本，而且比较丰厚。

而习惯性的思维方法是，面条的分量增加了 30%，就意味着成本增加了 30%，便恨不得把价格上涨 50%，即原来 10 元一碗涨到 15 元一碗。这种思维方式下的商品定价，会顾此失彼，最终反噬价格增长多带来的那部分收入。

四

一碗绿豆汤的奥妙

在某重庆小面店，一碗面条的价格是9元钱，吃面条可以免费喝绿豆汤，老板每天都要煮一锅绿豆汤。经常来吃饭的顾客都知道这个规矩，落座后先盛一碗绿豆汤喝，来的人络绎不绝。这家重庆小面店的生意为什么出奇地好？除了面条的味道让顾客满意外，这碗绿豆汤的功劳也不容小觑。再从实惠的角度，顾客是这样算账的：一碗面条9元钱，一碗绿豆汤在其他饭店要卖2元钱，在这里免费，意味着面条的价格优惠到了7元一碗；吃着辣味冲天的小面，喝着清凉爽口的绿豆汤，既解渴又开胃，也满足了顾客的心理预期。

使用这样的营销方法，顾客花少量的钱获得了实惠，老板用少量的投入赢得了更多的顾客，商家与顾客实现了双赢。其奥妙之处就在于买卖双方的计算方法不同，顾客是从消费的角度按照商品制成的终端价格计算金钱的付出，商家则是从成本的角度来计算金钱的投入额度，成本当然是低廉的。两种不同计算方法之间的价差，就像隔在商家与消费者之间的一道纱帷，既朦胧又诱人，让双方都心圆意满。

误区六：总想榨干所有的利润

这就是一碗绿豆汤的奥妙。它告诉我们，做生意有些利可以赚取，有些利需要舍弃，如果只想"得"不知道"舍"，经营的格局就会变小，目光短视，又怎么能发大财？

经营的方略不同，经营的利润厚薄不一。经营状况的千差万别，貌似是市场波动、原料价格起伏、人力成本变动等一个个客观因素共同作用的结果，实际上还有许多看不见、摸不着的奥妙在里面，要靠自己来悟。

经营要善于思考，一碗绿豆汤，里边藏着大学问。

营销进化
走出营销中的十大误区

五

贪婪是营销路上的陷阱

某市××海鲜烧烤家常菜大排档，菜谱上标价大虾是38元，顾客在看了菜谱上的价格后又向老板确认，问是不是一盘38元，在得到老板的肯定答复后，顾客要了几盘菜，其中包括一盘大虾。饭后结账时，账单显示是1500多元，顾客仔细一看，大虾是按38元一只计价，而不是一盘的价格。接到顾客投诉，当地物价部门进行了处理，指出该烧烤店提供的菜品虽已明码标价，但是极不规范，涉嫌误导消费者消费，根据《价格法》有关规定，责令其退还非法所得，并涉嫌价格欺诈、违反明码标价（本标价不合规）、侵害消费者权益，予以立案查处。

无独有偶，又有一碗面6根面条的新闻登上了热搜。游客在某市一条商业街吃了一碗油泼面，标价20元，偌大的碗里只有6根面条，且不加一点肉末。这一风波还没有过去，该市的又一景区再被曝出38元3根面条的奇葩事件。看似商家精明，实则是搬起石头砸了自己的脚，好事不出门，坏事传千里，这个负面广告"响彻"了全国。这

误区六：总想榨干所有的利润

样有悖常理的经营，彰显了商家贪婪的本性，也是自己为自己挖掘的陷阱。

买卖是互利的，买卖双方的智慧是同等的，如果其中一方总想靠小聪明算计另一方，算计的结果终将是一场空。人追求利益是本性，但得有一个度，超过了这个度，就是贪婪，贪婪会吓退客户，唤不来客户的生意又怎能支撑长久？

某地一女子爆料，2023年正月十二，她去餐馆吃饭，结账时发现账单上有一项额外的服务费10元钱，明细中显示是"新年好"。只因一声问候语，就收费10元钱，那么消费者反向商家说几声"新年好"，是不是饭店要给消费者打折优惠？如此的营销方式不但使该饭店臭名远扬，还抹黑了它所在的城市。

还有一个例子。某车主在一家轮胎销售店换了一只××品牌的汽车轮胎，跑了不到100千米，轮胎侧面鼓包了。车主找到店家，说轮胎质量有问题，要求重新更换一只。店家不愿意，说这不是质量问题，是里边的轮丝断裂所致。车主说，轮丝断裂不是质量问题吗，这不正说明应该更换吗，按照你们的规定，也没有超过保质期，才不到一个月。店主以车主是"外行"为理由，称与车主讲不通。车主不答应，说如果不更换，就会把这件事通过短视频平台发出去。店主也不让步，只答应以优惠价格120元为车主更换，原价是240元。车主不愿做那些耗时费力的拼争，于是妥协了，同意以120元的价格再更换一只轮胎。

车主走时，顺手把坏轮胎装在了车上。想不到的是，店主却拦着客户不让带走坏轮胎，车主不愿意，僵持了一会儿后店主无奈地放行。店主的行为让本就起了疑心的车主更加坚信店家有猫腻，他回去后，通过厂家电话号码打听到该品牌轮胎在本省的代理商，沟通之后，把轮胎寄了过去，经过鉴定确属质量问题。一个月后，为车主寄来了新轮胎。铁证如山，这个轮胎销售店失去的不仅是一个客户，它落下的口碑可能会让整个品牌蒙尘。

其实，事情本来没有这么复杂，店家遇到这种情况时，应该以积极的态度为车主更换一只新轮胎，然后把问题轮胎返回厂家就行了，因为这明显是质量问题，客户尚且能调换，店家与厂家应该更容易沟通。但是店家为了那点蝇头小利，结果聪明反被聪明误。

经营不能过于贪婪，贪婪会把营销的路走绝。

六

不能总想榨干所有的利润

想榨干所有的利润，是一种贪婪的表现，在经营中则属于缺乏远见。如果总想着把天下之利都装入自己的囊中，就会动摇生利之本，皮之不存，毛将焉附？

1. 不能竭泽而渔

用"竭泽而渔"来形容经营人的贪婪，从字面上看似乎有点过，因为商家与客户两者都不是一个定量，用"竭"字太绝对，但是从商家赚钱手段的角度来看客源的流失，又似乎恰如其分。在商家的经营中，不能穷尽全部手段榨取所有的利润，而是应该有选择地把盈利与培育客户源并举，辩证地看待盈利与培育客源的关系，制定出科学的营销策略。一口吃不成胖子，"蛋糕"是在日积月累中逐步做大的。

第一，不能把商品价格定得太高。

如果总想着多赚钱，把商品价格定得太高，就会失去客户，市场份额就会逐渐萎缩。例如，咖啡涨价，喝茶的人就多了起来；电子邮件比邮政寄信便宜，于是更多的人会使用电子邮件；纺织厂的麻原料价格上升，就用更便宜的丝棉来生产。这就是替代效应。替代效应是指当某一物品的价格上升时，消费者倾向于用其他物品来代替。同样的道理，如果某商家把价格定得过高，顾客就会选择其他商家去消费，这是经济的自然规律，高价格的商家很容易失去市场竞争力。作为一个有眼光的商家，会把价格策略上升到战略高度，价格中包含很多学问，决不是简单地一拍脑门就能决定的事，它关系到营销的生死成败。

第二，不能把所有的附加服务金钱化。

某开发商在小区地下停车位销售成果不理想的情况下，打起了已买停车位业主的主意，向业主交钥匙时，规定所有已购买停车位的业主，需每年交600元钱的管理费。业主们一听来了气，自己的车位，凭什么要交管理费！于是纷纷拒绝接钥匙以示抗议，致使该楼盘迟迟闲置。开发商与业主之间长时间僵持，问题始终没有彻底解决，开发商的口碑也由此一落千丈。

诸如饭店碗筷另收消毒费、商场门前收取停车费等，这些看似简单的小问题，却极大地影响着客户的消费体验。如果说现在收取碗筷消毒费与门前停车费已成惯常做法，那么就要反向思考，如果取消了又会怎么样？别人都收费，唯独你不收，这不是最好的营销方法吗？按照人的惯性思维来权衡，做了一件大家都在做的事情，不会招来多少关注，但如果做了一件大家都没有做的事情，势必会让别人刮目相看，何况做的还是让众人受益的事情。

第三，不该获取的利润要舍得放手。

误区六：总想榨干所有的利润

舍得放手不该获取的利润，不仅是一种经营的谋略，更是一种气魄。某个面馆主营面食生意，小碗 8 元一份，大碗 9 元一份，不够吃可以加面。一些顾客要了小碗，不够吃，就要求加面；还有的顾客汤不够，试着问"能不能加点儿汤"，因为墙上写着"免费加面"，却没有写"免费加汤"。对于顾客的要求，老板都非常爽快："可以，可以。"顾客就在想，又能加面又能加汤，这不是掏了小碗的钱吃了大碗的面吗？人们都感到在这里吃得值，性价比高，一传十十传百，来就餐的人特别多。当然，来此消费的人不一定都是为了加面加汤，更是源于其"和气生财"的良好氛围。

"天下熙熙，皆为利来；天下攘攘，皆为利往。"没有商家的薄利，又哪来得对客户的诱惑？常言说"舍得"，没有"舍"，又哪来的"得"？聪明的商家看似舍弃掉了部分利润，但由于这个"舍"带来了更多的收入，这是短视的人难以摸清的"门道"。

2. 君子爱财，取之有道

"君子爱财，取之有道"的意思是，求财可以，但不能坑害他人，要严守道德底线，要在职业操守下追求利益。人都是为利而来，但不能唯利是图，做生意如同做人，如果商家在经营中把握不住一个度，丧失了做人的准则，那么他的生意注定会萎缩，被市场淘汰。同行不同利，对于这个道理每个人的感悟不一样，也注定了他们在经商中是否走得顺行得直。掌握了做人的道理，遵守了经商的道德操守，将这些理念在经营中融会贯通，付诸实践，就会成为推动营销的助力器。

在某市的一个饭店，几个外地来的顾客消费了 176 元，在结账时却误扫了 1760 元。顾客走后，商家发现他们多付了账款，随即去追赶，但顾客已无踪影，又无其他任何联系信息，最后，商家无奈，只好拒收。商家的想法是宁愿自己损失 176 元，也不能让客户多付 1584 元。

商家的做法值得称赞，这是经营中体现出来的一种美德，是最值得颂扬的诚信。拒收款的情况顾客早晚会发现，也可能由于人在外地，路途遥远，无法再重新付款，但商家的行为，不仅赢得了口碑，还会把整个城市的良好形象深深地烙印在顾客的心里。

信誉是竞争取得优势的基础，是肉眼看不见的软实力，它终将转化为商品经营的利润。

3. 善于使用熟知定价法

《史记·孙子吴起列传》里，有一个"田忌赛马"的故事。

齐国大将田忌常同齐威王进行跑马比赛，田忌总是输给齐威王。孙膑给他出了个主意，让他先用三等马与齐威王的一等马比，然后在第二局的时候用自己的一等马与齐威王的二等马比，最后用自己的二等马与齐威王的三等马比，结果三局两胜。

这个故事说明，做什么事情都要有大局观念，不能只在局部的星星点点上计较得失，在经商中，有时局部的让利是为了整体经营的突飞猛进。

这个故事也启发我们，在对经营的商品进行定价时要讲究策略，其中熟知定价法就是一个可以使用的对策。熟知定价法是指，对经营的商品价格的制定，要遵循大众熟知的商品价格从低、陌生的商品价格略高的策略。因为客户往往会拿自己熟知的商品价格与其他商家对比，如果该商品价格高，顾客会以此类推，得出那些自己陌生的商品价格也会高于其他商家的结论。商家以此规律，需把大众熟知的商品与陌生的商品价格区别制定，让所经营的商品价格具有"亲民"感。

商场众多的商品中，人们比较了解的例如水、饮料、干电池、小米、鸡蛋等，这些商品的价格透明度很高，如果其定价偏高，人们会自然而然地推断该商场的物价比其他商场高，以后购买生活必需品时就会避开此类商场，而选择那些认为物有所值的商家进行购物。所以这些日常用品不能定价过高，要让人们容易接受，顾客看到这些熟知商品的价格低廉，才会在心里预测整个商场的商品价格都比较"亲民"。

玉器店里翡翠的定价也是如此。常言说黄金有价玉无价，玉本来无价，它的价格是由老板定的。老板会根据成色、成本、行情、购物心理等要素制定玉的价格，其中玉的成色主要包括水头、颜色、做工等，在普通顾客的眼里，常常把颜色看得特别重要，他们往往忽略品评水头与做工，因此在制定价格时，一定要把颜色特别的翡翠价格定得低一些。这是因为，在买玉的客体中，懂行的与完全不懂行的客户很少，半懂行的人居多，那些颜色特别的比如有些挂件只有一点绿，如果把这类商品走低价位，顾客就会把那些较高价位的翡翠推测为珍宝。含着一点绿的翡翠，人们往往认为是好玉料，价格高于此料的，顺理成章地就被理解为一定是上等货色。如果把含着一点绿的翡翠价格定得比那些水头好、做工精细的玉料还高，好水头、好做工的玉料就会被不识货的客户从心理上给以贬低。而那些难得一见的紫罗兰、黄翡，就很有必要走高价位。

所以，哪些商品走低价位，哪些商品走高价位，商家要把这个学问琢磨透，打好商品价格组合拳，才能吸引客户"下水"。

4. 买卖双赢才能维持生意平衡发展

商家与客户在买卖过程中，必须走双赢的路，否则买卖根本不可能达成，生意也不可能持久。这不仅是商家与客户之间应该遵循的定律，也是人与人之间的金钱交往过程中都应遵循的规则。如果一方获利满满，另一方赔了夫人又折兵，这是不公平的，没有任何一方会心甘情愿地接受这个不公平的现实。

作为商家，每卖一件商品，获得了客户支付的钱款，既要保本，还得留有利润空间，这样才能持续经营，并有可能进一步扩大再生产；作为客户，每买一件商品，支付了货款，同时也获得了商品的使用价值，在客户的期望值中，这个使用价值与所付的货款是等量的，这是一种平衡。如果这个平衡被打破，买卖就无法继续进行。这个平衡是怎么维持的呢？既不是靠买方的"关照"，也不是靠卖方的"馈赠"，而是双方博弈的结果。买方依据的手段是"选择"，用"选择"的尺码对卖家的商品进行量裁，卖方为了卖出商品，就要从内部成本上进行挖潜，降低成本，扩大利润空间，提高商品的"变现"手段。

有些商家一旦在降低成本上无潜可挖，便会挤兑商品的使用价值，这就出现了商品质量残次、缺斤短两、服务不到位的情况，这样势必会影响商家与商品的信誉，自绝后路。所以买卖双方的平衡不能打破，双赢才是商品营销的"阳关道"。

误区七:
以己之心度客户之腹

在商品营销中，有的营销人员会以自己的习惯、爱好、认知等，想当然地来估摸客户的习性、喜好等心理，也就是站在自己的角度、以自己的习性来揣测客户的心理轨迹，这种偏执思维下的营销，往往在遭遇客户的抵触而碰得灰头土脸时，自己还茫然不知原因。

误区七：以己之心度客户之腹

一

自以为最热情的语言营销却无法打动客户的心

营销人员见到客户，往往热情有加，甜言蜜语一箩筐，但为什么如歌一样动听的言语，有时候却打动不了客户的心？这说明营销人的表达方式出了问题。具体来说，营销人在与客户交流中常会犯以下几个错误。

1. 称呼不对

有些营销人不懂得怎样称呼别人，总感觉称呼越"高"，越是对人的尊重，持这种观点的人要么是情商低，要么是思维方式滞后。称呼是营销中的第一个"见面礼"，礼物不合时宜，一样会引起客户的反感。

夫妻二人逛街，进入一家大型超市后，他们走向了酒水专柜。一位女性营销员迎了上来，问："大爷，您想要什么酒？"只见顾客眼皮一耷拉，很不耐烦地回答："我做不了主，问你大娘吧！"顾客把

营销进化
走出营销中的十大误区

脸轻轻往后一摆。营销员扭头一看，脸色顿时青一阵红一阵，因为她发现走在后边的妻子是一位年轻貌美的女士，马上意识到自己误判顾客的年龄了。顾客也没再多说，像躲避瘟疫一样急匆匆地走了，看得出他们一刻也不想在此逗留。

作为一个营销员，误判顾客年龄不是眼力的问题，而是情商的问题。如果对顾客的年龄判断不准，则宁愿相信其小，不能推断人老，多数时候说人年轻也是对人的夸赞。营销员这一句"大爷"，不仅让可能要发生的买卖泡汤，甚至影响了客户在整个商场的购物心情。

对他人的称呼包含着很深的学问，不能自认为冠以"老"字、"爷"字就是对人的尊称，要学会揣摩人的心理，换位思考，别人给以你什么样的称谓听起来会爽心悦耳，如果称呼不对，把一个20多岁的女子说成40多岁，谁又能高兴得起来？

正确的称谓大致应该按照这样的原则：一是宁小勿大，二是宁喊名字不"穿靴戴帽"。比如，如果是平辈，按照称呼的亲疏次序应该是：哥—名字（不带姓）+哥—名字（不带姓）—姓（不带名）+哥—姓+名—老+姓—姓+师傅—老乡等；对于长辈，包括男性与女性，称呼应该是这样的：叔叔、阿姨、爷爷、奶奶，最好不要喊大爷、大娘，因为这是普遍存在于农村的一种称呼，城市里的人可能不适应。

为什么人都不愿意被别人"高称"呢？一是因为绝大多数人都不愿意老，忌讳老；二是由于生产力水平已发展到了相对较高的阶段，倚老卖老的处事方式已时过境迁。在中国长期的发展历史中，原始落后的生产力总是与繁重的体力劳动相对应，在劳动人群中，年纪大的人在社会分工里常常处在被照顾的地位，如果一个人能被尊称为大爷、师傅等，是一种很大的荣幸，预示着获得了体力劳动减负的理由。现在社会生产力发展了,在很多领域中机器都代替了人力,繁重的体力劳动生产方式逐渐被淘汰,生产的发展需要人更多地发挥聪明才智,人们也不再稀罕"老"的称谓。如果谁还不识时务地一味把人称为"老大爷",那只能说明他欠缺情商。

2. 语言表达方式不对

现在临柜营销时都要求营销员讲普通话,讲普通话的好处,是让来自异地的不懂本地方言的人听得明白,但它也有一个弊病,即疏远了与讲方言的本地客户之间的距离,这个问题往往在营销活动中会造成交流困扰。

在某市银行,一位城中村的老太太前来办理业务,她听说本村某某家的丫头在这个银行大厅上班,于是一进门就扯着嗓子喊:"××妮儿在这上班不?"喊了几声过后,"大——娘,我——在这",柜台里她要找的丫头终于应声了,只是说的普通话很是蹩脚。老太太皱起眉头,怔怔地望着在自己眼皮底下长大的村妮儿,怎么一到这个大楼里上班说话就变味了呢?"大娘,你是存死期,还是存活期?"老太太没好气地说:"死咧!"待手续办好后,老太太走出营业厅,嘴里还嘟囔着:"穿上制服就不会说人话了!"

社会在发展,思想也要解放,商家不要画地为牢,把语言交流的表达模式化,不接地气。作为营销人,应该见什么样的人说什么样的话,只要客户满意就达到了预期,既然客户吃惯了小米稀饭,又何必非要给饭里添加一个三明治?

还有一个例子。县城临街的一间门市,门口凳子上放着一只喇叭，一个男高音用那极浓的本地方言在不停气地扯着大粗嗓子喊："注意了啊！现有一批新进的皮鞋，质量好，价格便宜，男女老少都过来看看啊，来得晚了就冇了，快点啊！都过来看一看，听见了冇？！"路人听着这土得掉渣的叫卖声，早就没有了进店的兴致。这个商家犯的错误是，该用普通话的时候却用了方言，再者，如果用一个轻柔的女声来宣传，是不是会更加动听悦耳呢？

3. 太过迷信"话术"

有些商家把对客户的营销用语程式化，先说什么、后说什么，遇到老年人怎么说、遇到年轻人怎么说，所有的营销用语都以固定的格式与程序做了规范，这在行业内叫作"话术"。从形式上来看，"话术"似乎是一套完整的思维严谨的语言组合，但在实际操作中并不是完全适用，一旦在使用这些"话术"时因不接地气而乱了方寸，就会弄巧成拙。

有一个外国笑话，讲一个瑞典士兵非常钦佩拿破仑，参加了法国军队。他听说拿破仑要来视察部队，而且喜欢向士兵提一些问题，于是心里很着急，因为他不会说法语。这时他的法国战友为他出了个主意，让他练熟三句话，说拿破仑问的问题都很固定，只有三个：第一个是"你多大了"，第二个是"你参军多长时间了"，第三个是"最近的两场战役你参加了哪一次"。在战友的帮助下，他日夜练习这三句答案，依照先后次序是"我二十三岁了""三年了""两次都参加了"。

一天，拿破仑真的来了。在整齐的队列前，拿破仑环视着每一位昂首挺胸的士兵。他在问了其他两个士兵问题后，注意上了这个瑞典士兵，感觉这个年轻人哪个地方有点不对劲，便上前提问："你参军多长时间了？"万万没有想到，拿破仑这一次竟然是从第二个问题开始问起。瑞典士兵因为听不懂问话，无法察觉次序变更，仍然按照熟记的版本回答："二十三年了，将军！"拿破仑一听，感到很吃惊，紧紧盯着他继续问："那么，你多大了？"瑞典士兵按照背熟的第二个答案回答："我三岁了，将军！"拿破仑彻底生气了，咆哮着问："说，是你疯了还是我疯了？！"瑞典士兵看得懂将军生气了，眼里噙着泪，回答道："将军，咱俩都疯了。"

事前规范的"话术"，往往无法满足千变万化的事态发展需要。在营销活动中，如果一味固守这些"话术"，就极有可能被事态发展打乱节奏，发生言语"脱轨"现象，导致漏洞百出，让客户起疑。

作为商家，营销的语言要灵活机动，既要讲究技术含量，又不能把语言程式化，太粗太土太嗲太假，都会引起客户的反感。话是让别人听的，只要对方听着舒服，自己何乐而不为呢？我们选择什么样的表达方式，取决于对方的喜好，讲别人喜欢听的话，是营销的上上策。

自以为靓丽的形象营销却无法吸引客户的眼球

形象是展示给别人看的，形象是否靓丽，应由别人来品评。营销人员容易犯的错是总以自己的行为标准推销商品，而顾客即使对其不认可，又不会承担"纠偏"的义务，他们只是以购买或不购买两种行为来为营销人员投认可票或否定票。

有些酒店为了招徕顾客，往往会在大门两侧安排几位亭亭玉立的迎宾小姐，而商家选择的迎宾小姐标准通常是把身高放在首位。但商家忽略了，在不少客户的眼里，会感觉这些迎宾小姐"牛高马大"，而客户是不喜欢仰视的，难免心中"添堵"。商家精心挑选迎宾小姐，没有为其增加光辉，反倒受到牵累。如果选择几位身材娇小的服务员，穿着得体的便装站在门口迎宾，多了几分亲和与柔美，说不定会让客户眼前一亮。身材高大是展示自己的，身材娇小是衬托客户的，不识时务的选择，都是源于商家没有摸透客户的心。

某些营销人员，在大热的天走街串巷去营销，却穿着皱巴巴的西装露着白衬衣，汗水早已把西装湿透。这种装扮，在与客户交流中，并不会给客户留下美好的记忆。客户要的是信任与美，那种与季节不协调的装束，很难给人以赏心悦目的感觉。大多数客户并不挑剔营销人员穿什么衣服，短袖衬衣一样能打领带，红装素裹一样能融入春天，古典的美一样能让客户欣赏到大气与庄重，很多公司把西装作为营销人员的标配，实在是多此一举。

营销人员的穿着风格是不是优美，要让客户来品评。我们不是要孤芳自赏，常言说群众的眼睛是雪亮的，还是多听听客户的意见吧！营销人的形象是否能入客户的眼，也是营销成败的关键点之一，穿着得体，是营销工作中的"点睛之笔"。

三 以自己的生活习性和思维方式来推测客户的行为偏好

有不少营销人员经常习惯以自己的喜好来揣度客户的心思，对客户的营销做不到感同身受，总是想当然地把自己的习性作为客户消费行为的标尺，用自己思维理念的走向来推断客户的行为偏好。

先从一个最简单的营销行为说起。

在生活区的住宅楼上，我们时常能听到楼下"卖纯红薯粉条、卖小磨香油、卖蜂蜜"或者是"收废品、换纱窗、磨剪子戗菜刀"之类的小商小贩吆喝，他们这是最简单的流动营销。这些营销人有一个通病，就是边走边吆喝，居民们只闻其声不见其人。这种吆喝的营销方式如果在农村没有大毛病，因为农村人上街方便，只是跨个门槛的事，即使已经走远，也会有人传递式地呼喊，让营销人留步。但在城市就不一样了，城市人处事往往非常谨慎，不可能在楼上打开窗户大喊大叫，他们只能尽快地更衣下楼，但常常是等到下楼后，营销人已跑得杳无踪影。

误区七：以己之心度客户之腹

营销人要学会换位思考，不能只站在营销的角度看问题想事情，而是要设身处地为对方着想，想想客户的思想状态，看看他们需要提供什么样的服务。就像上面说的这些小商贩，他们应该在吆喝后稍等片刻，要为客户留下更衣下楼的时间，或者可以再多喊一句"我在这儿会至少停留 × 分钟"，以便客户有充足的思想准备。只有揣摩透客户的心思，才能最大限度地把自己的商品和服务营销出去。

大家也许都经历过这样的事情，午休睡得正酣，电话铃响了，迷迷糊糊拿起电话，传来一个售楼小姐的声音："先生，我们是××房产销售中心，打扰一下，请问您需要了解一下我们的房源情况吗？"她这一打扰，午休睡不成了，一下午工作都没有精神。这些营销人员经常会在最不该打扰人的时间段里进行"骚扰"，这种营销方式最不招人待见，也最容易引起客户的反感，甚至连带其销售的商品，都可能会因为这一通"没眼色"的电话被客户从情感上"拉黑"。

这些售楼小姐为什么偏偏选在午休时间进行营销呢？原因很简单，一天之内，她们大部分时间都在忙，接待客户、介绍楼盘、现场观摩，最清闲的就是午饭后这段时间，她们会抓住这个空暇仓促营销，给客户打电话。但她们忽略了，这个时间段客户也要休息。在客户最不愿意接纳的时间点去营销，营销的结果可想而知。

再举一个例子。在某一地下商城，各个进入口均只有一部开放型电梯，即每个出入口的电梯只能单方向开，要么下要么上，而商城的选择是下。他们的理念是，为进入商城的顾客助一把力，为离开商城的顾客设一道坎，只有"圈住"顾客，顾客才会在商城驻足购物。

果真如此吗？答案是否定的。顾客该来的来，该走的还是走，没有上行的电梯并不会阻止顾客离开的脚步，进入地下商城的顾客也并

营销进化
走出营销中的十大误区

不是被下行电梯的方便所吸引，而运行方向的不科学只能减少顾客的舒适度，使顾客对商城的印象分打折扣。运行了几年后，商城的管理者终于明白过来，改为每天仅在开门营业的时间点让电梯下行，其余大部分时间都是上行，这样的运作才符合人性化。在我们的市场营销中，在一些关键举措上脑子不能迟钝，不能以自己的思维来衡量客户。

无独有偶，还有些商场是上下楼电梯不衔接，乘电梯上去后若想继续上楼，需要绕行一圈去找另一个电梯口，即每上一层都需要绕场一周。也许他们的想法是，这样的设计可以防止顾客"跳跃式"上楼，无论顾客的目的地是几楼，每上一个楼层必须绕一圈，在绕场过程中就能让顾客产生购物的冲动。这种自作聪明的设计理念，实际上也只是商场的一厢情愿罢了。

误区七：以己之心度客户之腹 ▶▶▶

四

商家永远不要说"为了回馈广大消费者"

每到周末，商业购物区的一个个门店，都在门把手上挂着喇叭，向行人卖力地吆喝着自己的商品，"走过路过，不要错过，今天是我们店开业三周年店庆，为了回馈广大消费者的厚爱，我们店所有商品均打七折。"相信现在的绝大多数人听到这样的吆喝，都不会引起购物的冲动。人们对这种"回馈"的"好心"早已麻木，稍微有点常识的人都知道，天上不会掉馅饼，卖家怎么会为买家的利益着想？

每一个经商的人，都是为了谋取自身的利益，即使一些商家实实在在地向大众让利销售，也是为了吸引更多的客户来购买更多的商品，赚取更多的利润。那些打着"回馈消费者"旗号的让利宣传，诓不了顾客的心。

正所谓"没有永远的朋友，只有永远的利益"，谋取利益永远是经商营销的宗旨，这是无法遮掩的事实。营销手段无论如何花样翻新，也颠覆不了顾客的"三观"。雪藏的幌子经不住太阳的照射，与其说是为了顾客的利益，商家反倒不如坦诚地表达出让利是出于多卖货的目的，客户也许还会买账。

五

中秋月饼的纠结

近些年来，不知有多少人在围绕中秋月饼做文章，如果月饼是一个人，它肯定会哀叹："请饶我一命吧，不要再把我弄得人不人鬼不鬼！"中秋月饼走过的路非常曲折，究其原因，都是利益惹的祸。

比如中秋月饼的创意与包装问题。本来，中秋节吃月饼是中国的传统文化，已有上千年的历史，月饼基本上都是以甜为基础风味，随着时代的发展，添加的辅料在逐渐变化，但无论怎么变化，也没有失了月饼的"主题"风味。但近几年，营销手段花样翻新，一些商家别出心裁，让月饼脱胎换骨，成了"四不像"，人们吃起来也找不到记忆中的中秋感觉了。

之所以呈现月饼味道的"乱象"，皆因为商家出自商业利益，为了占领市场绞尽脑汁，选择不按套路出牌的营销方法。就像一个人参加赛跑，凭自己的实力想跑在队伍前列困难重重，怎么办？有些人就想到了投机取巧，跨越栏杆、弯道超车，这就出现了很多违反竞赛规则的事例。在赛场上，违反规则是要被罚下场的，那是因为竞赛的可视性，但在商场上，人们的眼睛无法识别所有的公正与偏畸的界线，何况一个月饼味道的走偏又不是违背了什么清规戒律。像蛋黄月饼，因为里边含了一个鸡蛋黄，价格成倍飙升，味道咸不咸甜不甜。人们刚开始被商家带偏了节奏，认为月饼里含着蛋黄，高蛋白高营养，价格高点理所当然，后来明白了，这种吃法是图的啥？哪如制作一个老式青红丝月饼再煮一个鸡蛋分开吃，这样会感觉各是各的味道，都很纯正，这不是很好吗？慢慢地，人们已开始远离那些"变了味"的月饼。

从包装上来说，月饼包装的豪华化，在不断地颠覆着人们的认知。原来的月饼，包装就是一张草纸、一页红油纸面，那些稍微浸透油腻的草纸，裹着月饼的甘甜清醇，深深地刻印在人们对中秋的记忆里。后来商家突发奇想，把月饼装在了纸盒子里，这个微妙的变化并不是客户需求导致的产品创新，而是由商家产品的花样更迭促使人们被动地接纳这项多余的点缀。随着包装"不正之风"的蔓延，商家开始淡化商品内容，争着在包装上下功夫，月饼被礼品化绑架，浮华风逐渐盛行，而月饼的价格也一直居高不下。

其实，人们对月饼的消费理念并没有改变，只是人们的消费行为被生产商所"绑架"，他们不仅要无奈地啃着那些变了味的月饼，还得为那奢华的包装承付额外的金钱。如果某一天有的商家能够回归理性，相信一定会撼动整个月饼市场，因为人们都在期待着记忆中的月饼"重见天日"，在中秋走亲访友的篮子里，没有华丽包装的老式散装月饼又走进大家的视野。这些月饼一定会倍受青睐，而那些包装过度的礼品盒式月饼也一定会悄悄隐退。

商家无论如何花样翻新，都要以客户的需求为尺度，不能强行引

营 销 进 化
走出营销中的十大误区

导客户消费，蒙得了一时，蒙不了一世，客户最终的选择，才是商家经营奔赴的目标。如果商家为了自身利益，违背客户的意愿，一味地生产经营那些来钱快的商品，终将被客户所遗弃。不以客户所需为目标的营销，注定都是短命的。

误区七：以己之心度客户之腹 ▶▶▶

六

不要把广告发错了地方

  商家依赖广告将自己的商品广为传播，客户从各种类型的广告上也能够了解到许多自己需要的商品，广告的作用不可小觑。不过，有些广告却发挥不了它应有的效果，究其原因，是商家没有正确地使用它，把广告发错了地方。

  比如，在电影院内饰墙上张贴乳胶枕头广告、在手机上推送老年代步鞋等。光临电影院的大都是青年人，保健类用品对他们没有吸引力；手机广告也有它的局限性，其用户也大都是青年人，老年用品不会引起他们的关注。针对这种差异，广告实施的主体又没有把广告发布的路子分门别类，这属于广告市场细分的问题，只有在广告市场细分的基础上才能正确评估投入哪种类型的广告，或者把某类广告选择正确的发布渠道。

  某商家以每月10万元佣金请传媒公司做直播带货，结果三个月只卖了690.88元，商家要求退回佣金未果，起诉到法院，经法院判决，才把佣金要回。传媒公司完不成商家的销售预期固然有责，但商

· 155 ·

家采取传媒公司直播带货的方式做广告,肯定有失策的地方,要么商家所卖的商品对看直播的人没有吸引力,要么是该传媒公司的粉丝数量少,直播影响力不足。商家要想让广告达到相应的效果,就要充分考虑广告的方式与发布的渠道对哪些人容易产生影响,"对症下药",不能依据自己的主观臆断来推测广告辐射的群体的接受程度。

广告从实施的方式与手段上划分,可分为自由式广告、半强制性广告、强制性广告。无论哪种广告,都应遵循三个原则:一是客户愿意看;二是客户容易观察到;三是广告内容要有个性。广告实施的主体如果忽略了这三个原则中的任意一项,广告宣传的效果都将不尽如人意。

自由式广告,包括公共场合的电子广告屏、立体式广告牌、物体上依附的广告标语、车票信件等纸质印制的广告、街上人工散发的宣传页等。这些广告统属自由式广告,是各类企事业单位宣传商品服务的主要广告形式,也是最灵活、使用最广泛的广告形式。但是,在实施主体散播这些广告的时候,有的往往会违反了"三原则"。

比如,××市商业银行为了彰显广告效果,想把自己的招牌立得特别显眼,于是把"××市商业银行"几个金属大字立在银行所在的30层楼顶上。他们以为立得越高看到的人越多,其实错了。城市楼群不止一栋,到处都是高楼林立,远处的人看不到这几个大字,近处的人也想不起扬起脖子往上瞅,因此,在城市高处的标示往往容易被人忽略掉,而低楼层门头上的大字反倒容易被人注意到。对广告设置的位置没有一个正确的判断,这是该家银行的疏漏。

再举一个例子。高速路口竖立了一个偌大的广告牌,上边赫然写着"777墙漆"几个大字,大字下面有一行小字,但人在疾速行驶的汽车上是看不清它的具体内容的。这个广告犯了一个错,就是没有

误区七：以己之心度客户之腹

个性特色，墙漆本就不是人们的日常用品，多数人对各类墙漆不太关心，更不注重去比较，"777"与"666"在人们的心目中没有什么区别，更何况也没有让人看清是哪个商家在卖，所以这个广告牌子的广告效果几乎等于零。

无独有偶，还有一个高速路边的广告牌，上边写着一行大字："激情成就梦想，梦想成就未来"，下边一行小字看不清，也等不及细看，车就已经过去了。商家只凭想当然行事，自认为高明的广告手段，却没有达到应有的效果。

半强制广告以电视广告为主，就是你不看广告也不行，广告播完才能播放正片，除非暂时换台，不然就得耐心等待广告播完后再看正片。

强制广告，就是不看广告就"拦住了你要走的路"，没有其他选择，这也是最让客户反感的广告形式。这种广告多种多样，有弹屏广告、短信广告、电话推销广告等，最让人头疼的莫过于手机上的弹屏广告。它们不是推销某种具体的商品，而是到了下雨天会提醒"有雨，注意打伞；路滑，注意安全"之类，你还必须得看，不看不知道是广告，打开看又浪费了时间与精力。"该吃早餐了""该喝水了""该锻炼了"，打开手机，经常会蹦出这样的提示，没有提示，人们难道不知道何时吃早餐、何时喝水、何时锻炼？这些提示有什么意义呢？其实是想让人们在感激它的提醒同时记住它，这是商家为寻找潜在商机埋下的伏笔。即使你不喜欢它，也得看，不然它覆盖着整个屏幕，手机页面无法往下翻。

这些广告之所以不受欢迎，是因为以不该有的方式在不该出现的地方与不该出现的时间，呈现给了不愿意关注它的群体，这就属于广告发错了地方。广告之所以发错，原因就是没有正确洞察客户的心，而是想当然，自以为是地来揣摩客户的思想脉络。

七

难以揭开的假象

买卖中的利益属性排斥人情世故，但在商品销售中又无法推却无处不在的人脉，当商品交换遇到了"关系"，就会蒙上一层若隐若现而又散发着"铜臭味"的面纱。

1. 努力走出"无商不奸"的怪圈

很多商家也许不会认可自己在买卖中的"奸诈"，原因是没有意识到自己主观上对金钱的贪恋。20世纪90年代有一个电视连续剧《北京人在纽约》，剧中的北京人到纽约后，遇到了一位开咖啡店的老乡，激动不已。老乡请他喝了一杯咖啡，临别时，北京人一万个没想到，若问咖啡是否需要付钱连自己都难以启齿，却被对方提醒"咖啡还没有付费"。这可能就是商人骨子里潜藏的逐利本能的真实反映。

追求利润是经商的固有属性，无可厚非，没有利润就没有商家生存的空间，没有利润的积累就没有商品经济发展的动力。那么追求利润的本能为何往往成为买卖中贪婪的代名词呢？这是由于一些人的自我约束力非常薄弱，追求金钱与财富的心永远没有止境。

作为关系客户，要求商家完全以情谊为重，视金钱如粪土是不现实的，因此自己要有一个清醒的心理预期，无论商家赚多还是赚少，都不要相信他会因为关系而舍弃了利润。当然，作为商家也要有如此的心理准备：即使自己真的在"关系生意"中没有获得任何好处，但客户无论嘴上如何地客套，心中也不会领情。所以，商家和客户都大可不必为此伤脑，生意场上硝烟四起，人情也要经历沙场历练。

在现实的商品买卖中，存在很多因交易而破坏感情的例子。人的贪欲就像喝酒，一杯不醉，两杯不醉，喝到几杯算醉呢？谁都难以说清，正因为如此，才有了"熟人坑熟人，一坑一个准"的坊间俗语。

某客户到修鞋店粘鞋掌，师傅说："我常看你跳舞，拿五元钱算了（意思是少收钱了）。"客户一看师傅如此热情，想着一定是给自己优惠了，满意地离开了。第二次，他换了一家，等付费时一看，也是五元钱一双。

经商要学会"舍得"，有"舍"才有"得"，不能常想着把一根稻草也要卖成金条的价格，一旦贪得无厌，就会失去客户，更谈不上友谊与亲情。作为商家，在营销时一定要把握好获利的度，在遇到关系客户时，不能把金钱看得太重，若把握不好分寸，可能就会导致众叛亲离。

2. 学会察言观色，识别买家的"真言"

常言道："卖家无真心，买家无真言。"卖家的心态可想而知，"买家无真言"的意思主要是说，买家相中商品，却不会把他的满意明示

营销进化
走出营销中的十大误区

给商家，因为大家的共识是在百般挑剔里才能压价，在讨价还价中才能以最少的钱获得最便宜的商品。

夫妻二人到服装店买衣服，妻子每看中一件衣服，就问丈夫衣服怎么样，丈夫都说不好看。营销员发现，丈夫总是交替着揪自己的两只耳朵，而妻子的脸色越来越不好看，最后终于憋不住了："你到底揪的是哪边的耳朵？"

原来，二人约定，一方看中的衣服，需让另一方提出参考意见，但又不许明说，只在口头上说不好看，以便于压价。揪右边的耳朵表示满意，揪左边的耳朵表示不满意。只是没有想到，丈夫忘记了原先约定的左右两边各自代表的意思。

3. 商家"杀熟"却忘记了自己也会掉链子

"杀熟"，是指商家利用熟客对自己的信任，施展一定的手段更多地赚取双方的钱财。不过商家在"杀熟"时有时也会掉链子，被客户给愚弄。客户口头上奉承而内心并不认可商家所营销的商品，便找了一个借口金蝉脱壳，商家却浑然不知，还在傻傻地等待。客户虚情假意的奉承，只是为了给足你面子，而又有几个当事人能自己走出迷局？

因此，当熟人夸赞你的商品时，不要全信，也许这只是给你设置的迷局。当他了解了商品的价格、质地、款式、型号等之后，如果不合他的心意，他往往为了面子上好看，虚意夸奖，甚至有的还会许下某些承诺，然后找一个理由抽身而去，一去不回头。

商品交易中，撇不掉的是金钱与利益，如果认不清这个"俗套"，所谓"情面"往往会被现实击得粉碎。

误区七：以己之心度客户之腹

八

不要小看客户的逆反心理

逆反心理，是指客户对商家大力推销的商品产生了相反的认知。有些客户牢记"买卖不一心"的信条，当你越是吹捧某些商品时，他就越是不看好某些商品，对商家有一种天然的抗拒心理。

在信用卡业务发展的初期，信用卡在我国还是一个新兴事物，由于社会大众对信用卡不了解，各家银行都规划了各种营销策略极力推广，其中主要的措施有两条，一是借助各种媒介宣传，二是利用人员推销。

某天，一位银行营销员去了一个老熟人的单位，向他介绍了信用卡业务，讲解了信用卡在日常生活中发挥的金融功能。但他没有想到，老熟人丝毫没给他面子，直接回答说自己从不用卡。

营销员又问他："借记卡也不用吗？"

他说："是的，不用。"

营销员无法理解，因为当时借记卡已经很普及了，"那你出门或出差怎么办？总不能带现金吧？"

营销进化
走出营销中的十大误区

他说:"是的,就带现金。现金最真实,也最安全,看得清摸得着。"

营销员很诧异,他还是第一次听人说带现金安全,不过他很快也想开了,可能在这位老熟人的思想意识里,认为无论信用卡还是借记卡都是虚拟的,里边的钱看不见摸不着,心里不踏实,只有现金才是实实在在的。

真的是如此吗?

营销员把对方低估了。在他走后不久,这位老熟人就自己到银行申请了一张信用卡。营销员向他推销信用卡,他不愿意办理,为什么在营销员走后会主动申请呢?

原来,他并不是不愿意使用信用卡,只是对别人的上门营销信不过,越是积极地向他推销,他越是觉得别人有求于他,于是越抗拒。他的这种思维方式,就是出于逆反心理。

在营销过程中,总能碰到这样的"倔"人,不足为奇。作为营销人,有时无论对客户付出怎样的真诚,可能也融化不了客户的铁石心肠。

在商品营销中还经常会碰到这样的事情,让他买他不买,一旦说不卖了要撤场,却偏偏围拢过来。

在一次旅游中,大巴车上的游客正昏昏欲睡,这时导游亮起了他清脆的嗓子:"各位叔叔婶婶哥哥姐姐,我手里拿的是我们本地产的大枣,15元一袋,大家可以拿回去尝尝,这是我们当地很有名气的土特产。"

大伙儿你看看我,我看看你,无人应答,只有一两个人为了打破尴尬,简单地敷衍了一言半语。导游不厌其烦地反复劝说,看得出他

误区七：以己之心度客户之腹

很有耐心。终于开张了，一位 50 多岁的女士在家人的默许下买了两袋，在快要到达下一个景点的时候，又有两个人买了几袋。

游完另一个景点，进入午餐环节，这也是几天来的最后一站，饭后将踏上归程。刚吃过饭，人们却三三两两地向导游围拢过来，瞅着导游推销的那堆枣，想讨价还价，但是导游一口价咬得很死。后来有人绷不住了，买走了几包。见有人买，其他的人也开始"跟风"，不大一会儿，一袋袋红枣都被买光了。这时还有的人吵着要买，导游迅即打电话，让人又送来一批，还是不够卖。该上车了，没有买到枣的游客只能带着满腹的遗憾踏上了回家之路。

实际上逆反心理每个人都有，只是程度不同罢了。某省城贸易批发市场，商户林立，没有哪家售货员会主动向客户搭讪的，当客户询问商品价格时，售货员报价后，就一句话都不愿多说，旋即回过头自顾自地忙起手中的活儿。但客户对这些商品的质量及信誉反倒深信不疑。那么，客户是不是多少也有点逆反心理在作祟呢？

既然如此，商家在经营中何不利用这种逆反心理，说白了，就是反其道而行之。大多数超市的生意比较火，原因是什么？一是超市的货品相较而言确实能保质保量，二是售货员态度的不冷不热，让客户有一种平淡的释然，这种松散式的营销客观上产生了促销作用。超市的售货员们很少夸赞售卖的商品，反而有时还会私下议论货品运营中的弊端和定价的瑕疵，而且也从不避讳顾客。他们的抱怨与非议，不但没有影响超市的生意，反而让顾客增加了对超市的信任度。顾客没有把售货员看成交易对手，而是觉得他们与自己同属于一个消费阶层，同属于一个利益圈子，因此在心里平添了几分信赖。

九 学会换位思考

在营销中，什么样的方式、什么样的语言、什么样的形象、什么样的心态是最合适的选择，不能只凭自己的主观想象，以自己理解的标准来衡量客户的心思，而是要学会站在客户的角度看问题，从客户的视角来观察商品营销的着力点，也就是常说的换位思考。

1. 营销的语言要接地气

说话是让人听的，不是为了表现自己、卖弄自己。营销中的语言表达要以有利于与客户的交流为准则，客户喜欢什么样的语言，就要说什么样的语言，客户喜欢什么样的表达方式，就要以什么样的方式与客户沟通，既然营销的目的是要把商品卖给客户，就要以取悦客户为营销的基准线，客户不喜欢的话语，你即使说得再漂亮，也不会让人入心。

客户来自五湖四海，各人的禀性不尽相同，喜好也不全一样，用

误区七：以己之心度客户之腹

什么样的语言与客户交流，并没有一个固定的公式。在营销中，商家不应该对营销用语做强制规定，就像买衣服，人的高低胖瘦都不一样，如果非要规定他们穿一个型号的衣服，必定有的人不适合，所以，商家需要给营销人充分的发挥空间，让他们"看人下菜"。只要语言传递的效果达到让客户满意，营销人所说的话就是最美的语言，应该受到认可。比如，对哪些人用普通话、对哪些人用方言，对哪些人需要彬彬有礼、对哪些人需要如话家常，都应该允许营销员自由发挥。

交流中要知道什么样的话是客户喜欢的，什么样的话是客户嫌弃的，这个标准不能以自己是不是好心来评判。以对人的称呼为例，不能按照自己的家庭年龄结构来判断对客户的称谓，如果你二十几岁，因为自己母亲的妹妹三十岁，便把三十多岁的女客户称作"姨"，那么你的好心又有几个人能够领情呢？也许人家的妹妹并不比你小，何况现在谁不希望自己被夸年轻？最笨的方法，也可以先问一句："对您该如何称呼？"看看对方喜欢被称呼什么再张口也不迟。

再者，在与客户交流时，要把架子放低，拉近与客户的距离，让客户感觉到与你是"在同一个战壕"，对事物有共同的认知。站在客户的角度考虑问题，获得客户的好感，有了共同的语言之后，营销就成功了一半。

2. 在客户面前要勇于当"傻子"

在与人打交道时，一旦让对方感觉到面对的是一个聪明绝顶的人，那说明你不是一个有智慧的人。大众普遍有这样的心态，就是大

营销进化
走出营销中的十大误区

都不愿意与比自己智商高的人打交道，害怕吃对方的亏，要想让对方接纳你，就得表现得低调一些，要让人感觉与你打交道没有任何的"威胁"。有一个不擅长打麻将的人曾调侃："在我们一大家子里，孩子的姨们姑们都愿意和我打麻将，我是最受大家欢迎的人。"听者问其何故，他说："因为我打麻将总是输。"虽是玩笑，却包含了非常深的哲理，低调有利于获得认可，不经常"占上风"的人更有利于被人接纳。

在商品营销中，客户最想要的是安全放心，在买卖交易中谨防遭受欺诈，出于这种心态，客户对于营销人的审视最关键的就是其是不是值得信任，按照惯常的说法，就是看营销人是不是实在。如果在营销中表现出了自己的实在，就容易与人接近，自然地就拆开了挡在你和客户之间交流的篱笆墙。

一位顾客在某商场衣服专柜看中了一条裤子，问了价格后，开始和售货员讨价还价："380元太贵了，300元吧？"

"不行的，姐，这款裤子卖得特别好，是今年的新款，我们顶多给您按九五折，不能再低了。"

经过反复的博弈，双方各不相让。这时，另一个售货员突然低声插话："刚才不是按330元卖出一条吗？"

这个售货员急了，也压低声音回了过去："你咋这样呢？！你去整理你的货吧，我在与客户商量呢，你管什么闲事？！"

看得出来，这个售货员急得满脸通红。这个场景被顾客看得一清二楚，她急忙拾起另一个售货员的话茬："就是嘛，你都按330元的价格卖给别人了，怎么轮到我买却这么执拗！"

"好了，好了！姐，别说了，您拿走吧。"

于是，顾客以330元的价格成交，她的脸上洋溢着笑容离开了。这笔买卖成交的关键点在于另一位售货员"不小心"说漏了嘴，但其实有一个很大的疑点，该售货员是不是在故意"装傻"？

3. 刻板的衣着不是展示公司形象的好方法

一些公司要求员工不管在任何场合都必须穿工装，什么是工装？工装就是工作状态下穿的衣服。而且，公司又常常规定了同样的款式，以显得整齐划一，这个做法没有大毛病，问题是当下相当一部分企业特别热衷于把西装当作工装，炎炎盛夏，还穿着白衬衣，套着深色的长袖西装，如果再走街串巷，热得大汗淋漓，浑身散发着汗臭味，那会给客户留下什么印象？冬天遇到风雪严寒，西装外边再套上一个大棉袄，又是什么形象？设计制作工装还是要舒服、美观，与季节协调，不能抱着一种观念不放。

作为一个营销人，穿着应该自然、得体，要展现出自己的风格与仪态的美，要体现出企业形象的严谨与庄重。在营销中，穿着是营销人给予客户的第一印象，它关系着营销人能否打开客户的第一道心门，不容忽视。

4. 敢于承认为利而来

营销的目的就是把商品卖出去，赚取利润，这是一个公开的秘密。既然大家都知道，如果再遮遮掩掩，就无异于"此地无银三百两"。鉴于此，营销时就不宜总说是为了客户的利益，为了回馈广大客户，这些说辞既蒙蔽不了客户，又暴露出了自己的虚伪，犹抱琵琶半遮面，只能引起客户的反感。营销首先要赢得客户的信任，没有客户的信任，营销将举步维艰，试想，谁愿意与一个不说真话的人打交道？

在营销中，我们要注意哪些行为规范？最重要的一点，是要获得客户的信任。怎么办？要勇于承认自己是为利而来，没有利，哪个商家也不愿意白折腾。只有公开自己的"秘密"，才能让客户感觉你亮出了"胸怀"，坦坦荡荡，才能获得客户的信任，也就为接下来的营销铺就了一条迈向凯旋门的红毯。

5.学会设身处地地"钻研"客户的心

《孙子·地形篇》中说："知己知彼，胜乃不殆；知天知地，胜乃可全。"营销的目的是让客户购买自己的商品，要想引起客户购物的冲动，就需要了解客户的需求与意愿，以及使用什么样的营销手段，说动客户愿意为自己打开营销的大门。需求方面是指产品的属性，也就是说商品的使用价值是不是能够满足客户的需要，意愿方面是指客户是不是愿意购买，不仅要有需求方面的使用价值，还要让客户从价格、质量、服务水平等方面对商品的接受程度达到及格线，而后者主要靠营销来实现。选择营销手段的依据，主要是看客户的心理，要把好客户跳动的脉搏，即想客户所想。

怎样才能知道客户所想，就要看营销者对客户的心"钻研"的程度，一是对客户情绪的把握，二是在营销中的情商发挥以及对客户心理揣摩的能力。在营销中想做好这两点，关键是要学会换位思考，站在客户的角度来思考问题,不能一厢情愿地断定客户的购买心理,而要从客户的角度来审视自己营销的商品及营销行为。

比如,开发商卖给客户的是毛坯房,但为了让地面看起来光滑一些,又在上面抹了一层水泥,客户本来要铺地暖,这样一来就增厚了地面,降低了房子的高度,减少了空间,客户有怨言,开发商出力不落好。

再比如,顾客到店里看衣服,售货员出于好意,紧随顾客身后,想随时为顾客提供服务。顾客却总感觉身后有一条甩不掉的尾巴,心里很不舒服,大致浏览了一下就匆匆离开了。

因此,作为营销人,一定要设身处地,"钻研"懂客户的心,不要落得个一番"好意"却不讨好。

6. 让广告的语言顺耳悦目

商家做广告,总想吸引住所有人的目光,让大家把自己的商品熟记于心,那么,怎么才能让广告做得有特色,达到宣传的极致呢?这就需要换位思考,不能只是在讲解自己的商品上挖空心思,广告的潜力是不是能够充分挖掘,并不仅仅取决于广告的张贴位置、广告的展现形式,而是需要多从客户的视角考虑,让广告的语言顺耳悦目。

某个饭店的玻璃橱窗上贴着一张大红纸,上边是一则"免费吃饭"的告知:"如果您在本市没有收入,遇到困难,您可以来本店,告诉本店人员,来份单人套餐,吃完直接走就行,不用客气,只希望在以后您有能力的日子里,记得帮助一下身边需要帮助的人,把爱传递,谢谢。"

营销进化
走出营销中的十大误区

乍一看是饭店救济穷人的告示，但仔细品味就会发现，这是一则广告。试想一下，谁在本市没有收入呢？这样的人太少了，怎么会没有一点儿收入呢，只是多少的问题，也就是说不可能有几个符合这样的条件的，当然并不是说商家玩的是噱头，只要你真的来吃，想必也不会被拒之门外。再者，即使某人收入不高，他会好意思到店里说"我没有收入，兜里没有钱，想在这儿吃饭"吗？有的人出于好奇，还真的到店里问服务员："遇到没遇到经济有困难的人来免费吃饭？"服务员毫不犹豫地回答说："目前还没有见过。"

姑且不论其他，单说这则广告，应该算是最好的广告形式之一。一张大红纸，非常醒目，经过店前的人，大都会被玻璃橱窗上写着"免费吃饭"标题的红色大纸所吸引，毕竟这样的说法非常稀少，怎么能不引起人们极大的兴趣呢！当看到这样的广告内容，路过的行人不一定会对"免费"着迷，但他一定会被饭店的爱心所感染，一定会记住在某路某街某巷有一家允许免费吃饭的店。紧紧地抓住了客户的心，这就是广告的魅力。

误区八:
把讲诚信当成一句口头禅

历史上，周幽王为了博取妃子一笑，点起了烽火台的烽烟戏弄诸侯，诸侯上当受骗后，再也不相信城头上的狼烟示警。周幽王视国事为儿戏是典型的失信，而失信致使其亡国，被迫自刎。

相信每个商家都懂得讲诚信的重要性，商家爱护自己的信誉应像爱护自己的眼睛一样。而在具体的经营和营销活动中，不少商家却常常迷失方向，把讲诚信当成了一句口头禅。

误区八：把讲诚信当成一句口头禅 ▶▶▶

一

诚信被利益绑架

讲诚信是大家需要共同遵守的经商之道，但在金钱面前，一些商家经不住诱惑，被金钱绑架，把信誉丢弃在脑后，在利益面前露出了难看的"吃相"。

疫情的阴霾散去后，我国的旅游消费呈爆发式增长，在这样的境况下，却出现了一些不和谐的音符。"五一"将至，刘先生在半个月前订购了东南沿海某市 4 月 28 日至 5 月 4 日期间的一间民宿，并支付了 500 元订金，当时约定的价格是每晚 218 元。没想到的是，4 月 24 日民宿工作人员告诉刘先生房间因某事被查封，要求刘先生退订房间。然而当晚刘先生的朋友询问该民宿是否有同样的房间时，得到的却是肯定的回答，只是价格从每晚 218 元涨到了 458 元。大概是民宿老板原来没有预料到旅游行情如此好，利欲熏心，因此做出此等出尔反尔的事情。

张女士与某置业公司签订了购房协议，购置了一套商业门面房。张女士按照协议规定，支付了首付款 55 万元，剩余 65 万元走按揭贷款，由开发商统一办理。张女士接房后，在开业之际把房子租给了商户，开始按年收取租金。由于开发商办理贷款的手续尚不齐全，贷款一直批不下来，在等待办理贷款的过程中，并没有影响到张女士每年收取房租。

等待了将近四年的时间，开发商手续已完善，开始逐户通知购房人到银行办理贷款手续，给张女士打电话时，因其当时接听不方便，准备事后再回复，但张女士给忘记了，一直没有回复。

一周后，张女士才想起来，主动打去电话咨询开发商贷款事宜。但开发商声称由于一周前打电话张女士不接听，属于违约，已把张女士的房子卖给了王先生，欲把首付款返还给张女士。这四年期间，房子涨价了，王先生按房价的全额付款，总价是135万元，比卖给张女士的价款多出15万元。张女士找开发商交涉，要求开发商撤销与王先生的交易，归还自己的房子，开发商称归还可以，但需按照新价款135万元付房款。张女士不认可，一纸诉状起诉到了法院。

经法院调查了解，原来开发商不是不想把房子卖给张女士，之所以闹如此一出，就是想让张女士补交房子上涨的差价。开发商只看到了利益，却把诚信抛在九霄云外。

误区八：把讲诚信当成一句口头禅 ▶▶▶

二 在诚信上"闹乌龙"

　　某一大型商场开业，安排了一系列的文艺节目与互动活动，宣传力度之大前所未有。其中一项活动是现场卖商业彩票，分为几组，每一组的特等奖均为一辆桑塔纳轿车。其中一个顾客发现，有一组彩票经过几天售卖剩余数量已不多，而特等奖还没有出现，便把剩余的彩票全部购买了，然后在现场一张张地刮，人们簇拥着在等待观看奇迹的出现，可是直到刮完最后一张，也没有等到特等奖。这个顾客当时就急眼了，去找主办方讨要说法，究竟是这组彩票的特等奖已被人抽走却被中奖人疏忽过去了，还是里面根本就没有特等奖，当时谁也说不清。不过这件事多多少少给商家带来了负面影响，而出现这个不协调的音符，说明组织者的操作流程上还存在漏洞。

　　再举一个例子。某武术学校在一个农村集市上搞宣传，讲解本校的武术教学情况，招收社会学子前来报名学习武术。学校为了达到宣传的轰动效应，让武术教练现场表演，一番慷慨陈词后，教练拿出了事先预备好的墙砖，运了运气，抬起手来，唰的一下向砖砸去，砖却纹丝不动，教练痛得直打哆嗦。原来是有人搞恶作剧，偷梁换柱把演示砖换成了普通砖，教练没有察觉到，结果失手。周围观看的人们议论纷纷，教练的表演没有带来期待中的视觉冲击效果，人们也许不明白事情的原委，但肯定都会感觉到其中存在蹊跷。

以上两个例子，一个是由于细节上的疏忽引起的误解，一个是营销过程中的"穿帮"招致的怀疑，可见，诚信来不得半点马虎，哪怕一点"风吹草动"都会动摇它的根基。

误区八：把讲诚信当成一句口头禅

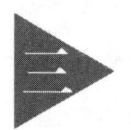

三 把诚信当噱头

虚伪见不得阳光，诚信一旦丢失，那么狐狸尾巴早晚会露出来。

某客户在当地旅游公司报了××七日游后，公司按照约定的时间为客户办理了相关手续，并说"我们以诚信为本，有什么意见可随时打电话"，然后让客户自行到了飞机场，有人送来机票，一切顺利。下了飞机，天南海北的旅客汇集后，一个落地导游带领大家到了他们预订的地点，再次把游客转交给另一个导游。

"各位游客朋友，大家好，欢迎来××旅游，我是导游×××，……"这位导游扫视了大家一圈，然后便自顾自地讲起话来，名曰让大家遵守纪律听指挥，实则是灌输不购物就是骗吃骗喝不讲诚信的思想，讲到后来简直就成了恐吓。一路上，旅游团被带进了多个购物店，迫于导游的"淫威"，大部分游客还是诚惶诚恐地购买了一堆价格昂贵的商品，且在购物环节耽误了大量的时间。

某位游客想起出发前旅游公司的承诺，便打去电话举报此事，信息却很快被反馈给导游，导游让其他游客都下车，把举报人留下，开始向他兴师问罪。经历一番波折，游客回来后，立即在朋友圈内"吐槽"该旅游公司，并且发誓再也不去那个地方旅游了。

还有一个例子。某客户到一家婚庆公司为孩子订制了婚庆仪式，订制后的某一天，客户收到婚庆公司的电话，真诚邀请他某日到××大厅，去参加一个婚庆仪式订制发布会，到时可参加抽奖，中奖的客户可以减免婚庆操办费用。客户去了以后，在经过公司的一系列仪式后，开始抽奖，该客户幸运地抽到了一等奖，并与抽到二等奖、三等奖的客户一起被邀请到台上领奖。客户做了一番感言后，下台找婚庆公司兑现承诺，没想到，婚庆公司却以其使用的车队、摄影等不是本次活动的举办成员为由，不予兑现。车队、摄影又不是客户自己找的，而是婚庆公司给配的，既然不能兑现奖品，又何必让人到现场来参加活动？但客户也无可奈何，事情只能不了了之。

诚信不是当样品摆在那里看的，是不是讲诚信，终会大白于天下，什么样的花招都无法掩盖。

四

诚信被打折

讲诚信不是一个量的问题，也不是一个可以选择的问题，不能说一个商家在某些方面抱诚守真，在其他方面就可以肆无忌惮，也不能说在某些时候商家童叟无欺，而在其他时候就可以缺斤短两。"先生，您的要求不在我们事先承诺兑现的范围之内。""女士，我们不能满足您的要求，您看，是您的要求不符合我们承付的条件。"诸如此类，客户一时的粗心被商家所利用，并以此作为不讲诚信的借口，他们的这种作派，使得诚信被严重打折。

客户某甲的汽车是 2009 年购买的，出于对车的爱护，买来后无论是保养还是修车，都是 4S 店的忠实客户，但几年下来，他发觉 4S 店的规模越来越小，究其原因，不外乎是保养修车价格贵、服务水平不理想等。比如，一位客户的雨刷器在刮擦玻璃时发出吱吱的响声，到了 4S 店，修车师傅看了看说是电机坏了，要换电机，需要一千多元钱。客户犹豫片刻，说不换了，还是喷上点机油吧。于是修车师傅在雨刷器的轴上喷了点废机油，问题竟然解决了。客户某乙的车是另一个问题，即在天气冷的季节，刚启动时转动方向盘会发出像冰凌解冻似的声响，到了4S店修理，师傅说是缺方向机油，换了油，还是响，继续找4S店，修车师傅又说另一个地方出毛病了，又继续修，连番几次，花了不少冤枉钱，问题还是没有解决。事情过后，客户总感觉像被4S店薅了羊毛，憋了一肚子火。如果在第一次修车时师傅看不出问题在哪，也无所谓，只能说是水平问题，但经过一番折腾问题依旧，这不能不让人怀疑商家的诚信。

某保险公司的营销员，在向客户推销保险时，那种温情的关怀把客户的心都融化了，而客户也终于"就范"，取出储蓄存款，购买了金额可观的保险大单。此后每到交保季，保险营销员就像客户的亲闺女一样嘘寒问暖，热情有加。就这样过了数年，一天该客户生病了，拿出保险书一看符合申请保险赔偿的条款，于是向保险公司提交了申请，可是意外出现了，保险公司拒赔，说客户在上保险之前就已有××病诊断记录。

保险公司没有错，确实保险条款列得非常明确，保险公司调查得也准确无误，而该客户却处于非常尴尬的境地。当初上保险时为什么保险公司不向客户提出质疑呢？那样客户就不会白白缴费这么多年。保险公司没有错，客户有错吗？客户又不是故意隐瞒，错在哪里？错在了保险营销员的工作没有做到位。保险营销员应该详细咨询客户的健康情况，把不符合条件的客户过滤掉，或者把不能理赔项向客户讲清楚。但现实中又有哪个保险营销员愿意把"到嘴的肥肉"再吐出来呢？他们好不容易拉到一个客户，是不愿轻易放手的。但他们忽视了，大众心里都有一杆秤，一旦在诚信上缺斤短两，以后谁还会相信你呢。

五

诚信被冷落

无论商家主观上有没有亵渎诚信的故意，只要诚信没有被其足够重视，诚信就有可能沾上污点，最终一样会导致信誉在客户心中崩塌。

某商业银行与保险公司合作，保险公司向商业银行的营业场所派遣了营销员，营销员穿上银行的工装，成了银行的大堂经理。其职责一是协助银行柜员指导客户办理银行业务，分流银行柜员的工作量；二是附带营销保险业务，拓宽保险业务的营销面。保险业务增加了，客户上保险的款项仍存于该银行，银行的存款量也增加了，以此实现银企双赢。

但理想很丰满，现实很骨感，在实施过程中有些保险营销员往往会走偏，他们无暇顾及指导客户办理银行业务，而是把心思都用在了推销保险业务上，许多存款客户被他们中途"拦截"，大量存款流到了保险公司账户。有相当一部分的客户不太懂，以为银行里的工作人员都是银行的人，办理的所有业务自然也属于银行业务的范畴，让签字就签字，但他们万万没想到，在银行办理的定期存款却悄无声息地

营销进化
走出营销中的十大误区

"变成"了保险单。

存款到期日，客户到银行取款，却发现储蓄存款"走了样"，不是银行存单而是保险单，于是开始质疑银行的信誉。在客户纠缠不休的情况下，银行无奈地退赔了客户的本金与利息。不管是因为保险公司管理得不到位，还是因为银保合作程序设计得不规范，发生这样的事情，都不仅仅是银行主动"纠错"那样简单，最主要的是坏了银行的口碑。

再看另一个案例。在某省会城市的长途汽车站，一位旅客慌慌张张地赶到售票处，问售票员到某某市现在有没有票，在得到需等多少分钟有车的回答后，身边一个司机模样的人上来搭讪，问旅客到哪里，待旅客回答后便马上催促旅客"快点快点，车刚刚出站还不晚，跟我来，带你上车。"那一本正经的口气，让人很难怀疑。旅客拎着包裹跟在"司机"身后就走，走着走着发现不对劲，车不是想象的在车站出站口，这时"司机"又催促："出站口不让停车，这有摩托车，我带着你去。"上了摩托车，东窜西拐，来到一个偏僻的路口，一辆大巴车在那停着，"司机"把旅客交给了车上的司机，旅客才明白原来带自己来的人不是真司机。

这位假司机又催促旅客买票，他把钱拿到手，向真司机交过票钱嘀咕一阵后便离开了。旅客等待着发车，司机总是说马上就走，但就是不见车启动，这时旅客也开始感觉上当了，但又无可奈何，钱入了人家的腰包，已身不由己，只好苦苦地等待。待到一个个以同样方法被"劫持"来的旅客终于把车厢填满时，车才终于启动。

虽然旅客的流动性比较大，可能今天骗一个，明天还能骗到另一个，但是像这样缺失诚信的行为，终究不会长久。

误区八：把讲诚信当成一句口头禅

六

误导客户是失信的花样翻新

营销人员误导客户，让客户钻进自己设置的"局"，客户利益受损，最后只能"哑巴吃黄连"，尽管客户没有足够的证据进行维权，但众口铄金，也足以让商家名誉扫地。

某客户接到一个自称××客服的电话，柔声细语："请问是×××先生吗？我是××公司的7号服务员，我可以回访您一下吗？占用您一点时间。"

"哦，可以。"

"我们这里在搞一个幸运抽奖活动，里面会有一个幸运奖，如果这个幸运奖落在您身上，我们会主动给你套餐升级，您看好吗？"

"嗯，要钱吗？"

"升级后会花钱很少，并让您从原来的五个小时的服务多享受总长两个小时的服务，您看可以吗？"

客户回答说："只要花钱少，怎么都可以。"

"好的，先生，我的问话结束了，谢谢您的配合。"

营销进化
走出营销中的十大误区

等到下个月的账单一出，客户支付的金额却涨了一大截，便去询问××公司，原来说花钱少了，怎么这账单上显示反倒多了呢？

对方说："先生，这有您的录音，都是您同意的。"

客户不认可，问："我什么时候同意了，我怎么不知道？"

原来猫腻就出在"升级后会花钱很少"这句话上，客服说她表达的意思是需要再花不多的钱，而客户的理解是比原来花钱少了。在客户的一再坚持下，最后公司把钱退给了他。

后来客户与熟人朋友聊天时谈及此事，才知道上当的并不只是他一人。从此，客户再接到该公司打电话回访，都会明确地回答："我不接受回访。"

再说一个例子。

一家川味面食馆做活动，在抖音上销售小面 4.99 元一碗，下单者众多，小店的生意顿时热闹起来。一位预约顾客到了店里，扫码认证后，商家问顾客："是加皮蛋还是加卤蛋？"顾客说"随便"，而到结账时则不再随便，需要另计加的"蛋"钱。还有的顾客被问到同样的问题时犹豫不决，商家会建议说："要么加豆腐块？"顾客回答"好吧"，自然，豆腐块也并不是免费的。每来一位活动预约顾客扫码时，商家都是使用同样的营销手法。

后来商家有了改进，在做饭的过程中，服务人员会向客户做个补充："师傅，您还得再刷×元，我们的××是另外收费的。"为了这几元钱，谁也不好意思去争个黑白里表，但顾客总感觉有被诱骗的感觉，4.99 元一碗的小面更像是一个噱头。当然了，顾客要是掌握了商家这个"潜规则"，不听他的劝说加其他东西，只花 4.99 元还是可以吃上面的。

误区八：把讲诚信当成一句口头禅 ▶▶▶

七

蹚过了大江大河，却在小河沟里翻了船

有些商家在诚信方面做得可圈可点，在买卖中体现出来的诚信理念也收买了众多客户的心，但由于一时"疏忽"，在某些细微的营销环节上对客户撒了谎，而商家的信誉就是在这不起眼的细微之处"破损"，让人扼腕叹息。

某商业区举行购房信息发布会，宣布如果哪位客户决定报名，需交一万元的报名费，到买房的时候一万元顶两万元使用，如果到时打消了买房的念头，公司会无条件退款。只要当天报名交一万元，现场就有礼品赠送，礼品是一条蚕丝被。一条蚕丝被还是颇具吸引力的，看房的、买房的、凑热闹的人纷至沓来，营销大厅人头攒动。

开场了，营销员开始逐一讲解项目的选址、项目的可行性预测、房子的结构大小、项目的理念等，大家都很认真地在听。完毕，报名交费，场面好不热闹。一会儿，提着礼盒的人陆续走出了销售大厅。

"不，这不是蚕丝被，是丝棉被！"不知是谁惊呼了一声。这一声成了导火索，于是人们纷纷打开包装，来判别蚕丝被的真假，结果

纷纷说"上当了"。

到了开盘的日子，购房的远没有报名时那样的火热，许多人都退款了，这与"蚕丝被效应"是不是有关系，只有天知道。如果商家一开始就没有承诺蚕丝被的事，报名的人也就不再有过高的期望，但商家既然许诺了，就一定要兑现。最后用一条丝棉被来愚弄客户，客户会怎么想？他们自然会由此推测商家不讲诚信，一条丝棉被砸了商家的招牌。

讲诚信要从根本上端正思想态度，不能存在侥幸心理，认为是小事不必小题大做，但也许正是一件不起眼的小事毁了商家的信誉，这也就是"10-1=0"的法则要义。

某市一个繁华地段的餐饮店，生意非常火爆，用餐的顾客络绎不绝。这家餐饮店一是经营很有特色，二是在顾客中的口碑很好。但某一天出现了问题，有一桌客人吃饭当中在一盘菜里发现了虫子，客人质问服务员，服务员当即答应把菜品端走，为他们另做一份，客人当时也没有过激表现。而当"新做"的菜被端上餐桌时，客人却不愿意了，立马指出这是吃剩的菜，盘里有一只木耳被咬去半边且口型很明显。这时客人非常激动，非要打电话找市场监管部门投诉，服务员不敢怠慢，叫来经理。经理很诚恳地向客人赔礼道歉，并答应把整桌菜免单，客人这才勉强作罢。

原来，客人在听到服务员要另做一盘的许诺后，趁其不注意，夹起一只木耳咬了一口又放回盘子里，以此做记号来验证饭店的诚信。商家万万没想到，就此中招。服务员把菜品端到后厨，厨师只是把虫子挑出来又原封不动地上给客人，客人自然不答应，商家只能自认倒霉。

误区八：把讲诚信当成一句口头禅

在某个景点饭店，也出过一件类似这样的事件。客人在吃饭的时候，从菜里吃出来一根长头发，立即喊服务员过来："你看看，这是什么？"服务员看了后，马上去厨房拿来一个小盘子，道歉说："不好意思，那是我的头发，不小心掉在里边了。我还没有吃饭呢，也饿了，把您的菜拨给我一点，让我也坐在这儿陪你吃一点。"说着，就把发现头发的那份菜拨到自己的盘子里吃了起来，同时让厨房给客人再做一份。女服务员边吃边与客人拉家常，还与客人互留了微信号。不同的处理方法，最后的结果大相径庭。

有些商家在经营中遇到一些纠纷，实际上并不都是商家不讲诚信，只是由于疏忽大意，在某一环节上出现了瑕疵，又没有以恰当的方法止损，被扣上了不讲诚信的帽子，已过了大江大河，船却翻在了小河沟里。

八

诚信输在起跑线上

有些对客户的承诺从一开始就已经"失败"了，问题出在其承诺的可信度不高，承诺本身就流露出了对客户的不尊重，从其字里行间已看出了承诺难以兑现的端倪。

在电梯里的宣传栏上，写着一则告示：某某电器商场，为了回馈新老客户，拟于某某时间段开展买空调抽奖活动，三等奖50名，赠送一个电热水壶；二等奖15名，赠送一只电饭锅；一等奖5名，赠送一辆自行车；特等奖1名，赠送一根金条。下边除落款与地址外，还写了一句"解释权归本公司所有"。像这样的广告，从一开始就不会被人相信，仅仅"解释权"一句信息量就很大，言外之意是奖品给不给，公司说了算。不管该商家是不是诚信企业，就这个广告本身而言，很难让人信服。

××市××公司举办有奖销售活动，设置若干等奖项若干名奖励名额，其中最高奖励是一辆汽车。最后某客户喜获特等奖，但让人万万想不到的是，奖励到手的汽车变成了一个汽车模型，客户诘问商

误区八：把讲诚信当成一句口头禅

家，对方却说解释权归商家所有。

社会上有许多类似的商业活动，早已失去了客户的信任，并在大众心里造成了阴影，一些商业活动不能信以为真，客户与商家的力量不是对等的，客户属于弱势群体，一旦发生纠纷，维权成本很高。所以，作为客户，只能是多一事不如少一事，让他们折腾吧，不理会就罢了。

"您有 50 元的优惠券即将过期，请及时领取""恭喜获得新人红包 100 元""您已获得 100 元话费，请立即领取"，等等，只要打开手机，屏幕上就会弹出一条条有奖广告，花样百出，让人目不暇接，其可信度有多大呢？可能除了极少部分用户出于好奇心"上套"外，绝大部分人都不会相信，因为天上不会掉馅饼。每个人都一样，天天收到有奖信息，如果每一条信息都千真万确，那么每月所获奖项的总和比工资还要高，谁还愿意上班？坐在家里光等着领奖就得了。这些利用获奖为噱头的电子虚拟营销，说是幌子又无法定性，说不是幌子又没几个人获得了真金白银，如果说人们早已识破了"庐山真面目"，它们却还在每一个人的手机上天天闹腾。

商家自己都"绷（坚持）不住一脸严肃"的许诺，又怎能指望别人深信不疑？请不要再表演了，因为你刚刚开口，就已"笑场"。

九

要把诚信视作营销的灵魂

诚信是营销的灵魂，没有诚信，买卖就会无买无卖，商品在无买卖的境况下就不成其为商品，只能算作产品。没有诚信，营销就是一条死胡同。

1. 讲诚信要讲得彻彻底底

"勿以恶小而为之，勿以善小而不为"，这句来源于《三国志》的古训，本意是说不要觉得坏事很小做了也无所谓，也不要以为好事很小做了也彰显不出品德的高尚，将它借用在商业领域中来阐释营销之道，意义深远。

营销员在进行商品营销时往往花费大量心血，时常思考怎样才能把自己的商品推销出去，怎样才能让客户认可，怎样才能找到商品的卖点，看似简单的营销行为，实则是一场没有硝烟的战争。需要注意的是，诚信没有量的大小之分，营销中一丁点的诚信污点，即会抹黑

误区八：把讲诚信当成一句口头禅

所营销的全部商品。

某营销员推销铁棍山药，本来与某公司下属的几个超市合作得很愉快。有一次，营销员夹带私货，把自家产的普通山药掺进了几箱，他本来以为与超市交易货量很大，里边有少许的普通山药也能蒙混过关。当山药被运到几个超市后，均没有发现异常，但在销售出去后，一些顾客发现了问题，口感不一样，感觉买的不是铁棍山药而是普通山药，于是把剩余的山药拿到超市反映问题。超市对此事开始警觉起来，最后发现了其中的端倪，便中止了合作供应关系，该营销员落了个鸡飞蛋打。

营销不能存在侥幸心理，认为自己一直都很讲诚信，只是某一件事做得不完美，但可能就是这一件事，就会让大众颠覆对你的整个认知。

某品牌轿车2009年出厂的一批车出现了瑕疵，手刹制动不灵敏，在坡路停车时拉起手刹，会有短暂的持续滑动，购车的客户偶有发现，但大多数没有把它看成大毛病，有个别客户对此比较敏感，反映给了销售车行，在2012年前后，厂家进行了招回。有些人认为，厂家针对有意见反馈的客户进行修理就行了，有必要把那个年度的车全部招回吗？这就涉及厂家对信誉的认知问题，为安全负责，为客户负责，为维护厂家的信誉负责，谁都不会拿信誉当儿戏，不能说只在大的方面讲信誉，对商品的细枝末节不在乎，这是非常错误的，也许用辛勤的汗水构筑起来的信誉，就是毁在了这些细枝末节上。讲信誉就要讲得彻彻底底，信誉是没有量大量小之分的，一丁点的污点也会让商家形象失去光彩。

2. 维护诚信要像爱护自己的眼睛

网上曾报道过一件事情：一位客户在外卖平台上点了半只西瓜，并要求外卖员顺便带一桶20升的水过来，不然就给差评。面对这样的无理要求，一般的人都会拒绝，但这个外卖员没有，因为一个差评就意味着他辛辛苦苦跑的几十千米路全部白跑了。外卖员替客户买来水，连同他点的半只西瓜送了过去。他的心里怀着极大的委屈，在微博上写道："下这么大的雨，订单能准时送达就不错了，给你买这么大一桶水，只是不想平白无故多一个差评。你以为我是向你低了头，其实，我是向生活低了头啊，兄弟。"

商家也明白经营要讲诚信的道理，但往往又挣脱不掉趋利的习惯，总是在诱人的利益面前把诚信忽略掉。他们时时在维护自己的诚信，时时又把诚信在无意识中丢失，就像黑瞎子掰苞米——边掰边丢。一些商家之所以总是把自己的诚信毁损掉，根本上的原因是没有把诚信提升到一定的高度，没有把维护诚信像爱护自己的眼睛一样重视。

商家忽略了诚信，就会失去客户。即使规模再大的企业，诚信的崩塌，也会使其"忽喇喇似大厦倾"。

3. 讲诚信要讲到客户心里

诚信不能光靠漂亮的言语，而是需要做出来让别人看，这是毋庸置疑的，但有时也需要各种形式的表达，需要把自己讲诚信的形象传递到客户的脑海里，因为商家要让客户事先了解自己，并据此做出

误区八：把讲诚信当成一句口头禅

营销决策，对卖家进行一个综合的评估，依据评估来衡量其是否会与自己做交易。为客户提供便捷的了解方式，以利于客户做出考量与决断，唯一的办法就是以最有效的言语交流或示范行为，让客户相信自己，也就是说把诚信讲到客户的心里去。

以什么样的言语交流、以什么样的示范行为来获得客户的信任呢？请看某供货商的做法。

某饭店的青菜菜品均由一位郊区种菜大户供应，在开始合作的日子里，菜农每次把菜送到后都嘱咐饭店过秤称一下，但饭店对菜农的交代并不当一回事，都是按照菜农拉菜的清单及重量记账。有一天，菜农把菜送到后，将一些单独装的菜品扛到饭店会计身边，诚恳地说："这是昨天送的菜，过秤时称错了，短秤了，实在对不起，我今天把少称的菜补给您。"会计有点吃惊，心想你不说我们也不知道，竟然诚实地把少称的菜补送来，看来这人值得合作！

实际上真的缺斤短两了吗？并没有，这是菜农故意展示的一种诚信姿态，他要向合作者表明自己是一个讲诚信的人，他的目的也真的达到了，饭店与该菜农成了长期合作伙伴。既然没有缺斤短两，非要说自己短秤了，给饭店"补偿"菜品，这不是"欺诈"吗？是的，这也是"欺诈"，只是这种"欺诈"是善意的，并不违背公序良俗。

诚信是商家的灵魂，只有以最认真的态度讲诚信，才能真正树立起商家的形象，才能收获最好的口碑。没有诚信，就没有经营的明天；没有诚信，就没有商家的未来。

误区九:
营销的目光只有五步之遥

有眼光的商家，不仅会看到当前的利益，更会放眼长远的利益。而一些商家总是死盯着眼前的蝇头小利，没有把经营当作一个长远的事业来做，这种短视行为通俗来讲就是"只顾得薅羊毛，不知道让羊吃草"，不懂得培育营销的长期市场。

一 "掠夺性"营销会造成客户流失

营销是为了多销售商品,但不能为了多销售商品就选择"无底线"的营销,如果采取的营销方式是客户所不乐意接受的,营销人一味地"强行"推销,只会引起客户的反感,甚至造成客户流失。我们把这种营销方式就称作"掠夺性"营销。

某单位食堂由于管道崩裂,中午不供应饭,员工们只好三三两两结伴去饭店消费。同事甲豪爽地说要请其他三位同事吃饭,到饭店入座后,唤服务员点菜。服务员把菜谱交到客人手里后,还没有等客人把菜谱浏览一遍,就急不可耐地推荐起来:"先生,我给您介绍一下,清蒸深海鱼、酥皮烤羊腿、人参炖全鸡、川西霸王肘,这些都是我店的特色菜,您看是不是各来一份?"客人一看,这几个菜大都是百元以上的菜品,仅这四个菜就已400多元钱。同事甲本来计划随便请大家吃顿饭,点几个家常菜,花个一二百元钱就足够了,让服务员如此这般地一推荐,出于面子,也不好拒绝。尽管其他人纷纷说随便吃点就行了,但作为东道主,又怎好推辞特色菜而落下一个"抠门"的话

营销进化
走出营销中的十大误区

柄呢？他只能装出毫不在乎的样子，"好的，都尝尝，都尝尝。"嘴上虽这样说，做东的人心里总不是滋味。

这就是"掠夺性"营销，这样的营销方式会让被"宰"过的顾客退避三舍。商家为了攫取眼前的利益，会永远失去这些客户。

再看看另一家饭店的营销方法，也许大家会受到些许启发。

高女士最初在一个偏僻的小巷里卖豆腐脑，她很会经营，同样的摊位做买卖，但周围的摊位顾客稀稀落落，只有她的摊位吃饭的人出奇地多。后来她又租了两间房子，开了一家饸饹馆，仍然是顾客络绎不绝，生意火爆。经过几年的经营，名气越来越大，饭店有点拥挤，"庙门"显得小了，于是她又租了一栋四层门面楼，不再只是以经营饸饹为主，而是成了一家富丽堂皇的大酒店，厨师、服务员有几十名。这么大规模的酒店，她仍然经营得风生水起，在业界几乎无人不晓，名声传播得很远。

为什么她经营的生意一直兴隆呢？某客户在一次请客时，似乎看出了点门道。当时他请了几个人在该饭店吃饭，期间又来了几个计划外的客人，于是需要补点几个菜。服务员拿来菜单，客人把热菜凉菜各点了几样，交给服务员。服务员一看说："先生，您点的菜有点多，而且你们刚才点的菜下去的并不多，您需要再添加一个荤菜一个素菜就行了，不必再点那么多。"满桌宾客对服务员的建议无不感觉体贴温暖，尤其是请客人，自己不好说的话让服务员说出来了，既做到了不浪费又给足了面子。只要在此消费过，无论过了多久，这样温馨体贴的高质量服务都会让人记忆犹新。这怎么会没有回头客呢？

营销也要懂得笼络人心，杀鸡取卵不是长久之计，营销的人性化服务，是拴住客户的心的长线。

误区九：营销的目光只有五步之遥

有一个卖羊肉汤的小店，它的烧饼很有特点，其他地方的烧饼吃不出这个味道，许多人慕名而来，有时甚至座位紧缺还要排队等候，说是喝羊肉汤，实际上都是冲着烧饼而来。但该店有一个规矩，烧饼不能外带，只能在本店吃。谁要是想把烧饼带到家，可不是件容易的事，因为喝羊汤的时候，不是把你要的烧饼一并备齐，而是陆续上桌，卖给顾客的烧饼数量只以满足堂食为限。

有人问商家，既然大家都想多买烧饼，你们多做一点不就行了，他们带走得越多你们赚钱不也越多吗？商家说：你们只要吃着好吃，就一定还会再来，如果让你们带走了，回家吃，那就变味了，不好吃了，你们还以为我们的烧饼变味了，会坏了我们的名声，那样你们就不会再来了。

这就是商家的经营之道，不能只顾着眼前的商机"掠夺性"地攫取，而是要懂得怎么才能让客户明天还来。

营销进化
走出营销中的十大误区

一

缺乏科学的考核机制是营销短期行为的始作俑者

某经济类报纸曾介绍过国外的一种考核机制，大致内容是：企业老板的薪酬很高，但并不是全部以现金发工资，而是实发一部分，然后把另一部分薪酬强制入股，即成为本企业的股份，只享受每年的分红。这一措施解决了只顾眼前利益的不良做法，制约了决策者的短期行为，督促了企业管理层注重企业的长久发展。如果哪一个企业负责人只考虑眼前利益，不顾企业的长远发展，最后吃亏的还是自己，股票分不了红，自己的部分薪水也将会化作泡影。

我们今天有不少企业就缺少这样的制约机制，致使一些企业负责人只注重自己在任时的高光时刻，一切工作都是围绕着当前的业务指标展开，而很少考虑培育企业的发展潜力。一般表现在长期目标与短期目标的矛盾处理手段缺少公心，即企业对具体营销人员的考核，往往习惯于根据他们的短期绩效如销售量、市场份额占比、利润等进行评估和奖励，因此营销人员只能围绕着这支"指挥棒"转，他们的营销业绩以近期看得见、摸得着的量化指标为基本准绳。

比如某银行对不良贷款的清收，以收回金额多少来考核，这种考核机制就存在一定的弊端。

清收员打去电话："喂，王××吗？你欠的贷款什么时候能还清呀？"

电话那头的客户回应了："再给我宽限一个月吧，过了元旦我就去××地方，他们欠我的货款已许诺在阴历年底前给我结清，他给我结清后，这二十万元的贷款到时我就会连本带利全部还清了。"

"不行啊，马上阳历年底了，行里给我们分配有任务呢，不然我们的工资就会被扣了。"清收员显得很是着急，"你看这样行不行，阳历年底前先还一部分，哪怕一少部分，其他的待过了阴历年再还。你也不用慌，我们可以给你尽可能地宽限，如果你一点都不还会影响我们的年终考核，影响我本人的工资奖金发放。"

电话那头犹豫片刻说："这样吧，我先还一万元吧，你看行不行？"

清收员说："一万元太少了，两万元吧。"

客户斩钉截铁地说："不行，只能还一万元，你看着办吧！"

"好的，好的，一万元就一万元。"

就这样，为了一万元的年底考核业绩，宁愿放任十九万元无休止延期的可能发生，甚至过渡成贷款形态劣变的诱因。

该银行给清收员制定的工作业绩指标，是以收回的绝对数来衡量，即以收回数乘以千分之几的提成平均计算，这样就出现了一个问题，清收员的关注点已不在于把逾期贷款一次性全部收回，而是把收回金额的绝对数来作为自己行动的指针。它的直接危害就是助长了短期行为，把银行的长期利益放在次位，这样的催收方式会造成银行业务的被动。比如有的客户准备下月一次性归还全部欠款，但这时清收员督促客户能还多少还多少，这个月不管下个月的事，客户就会被清收员带偏节奏，像挤牙膏一样一点点地还，淡化了对全部还清逾期贷款的重视程度。随着时间的推移，本金利息越积越多，会加速促成贷款形态的非良性转化。

考核不能按照收回的绝对数来评估业绩，而要把一个客户经理所负责的清收户数扎死，再核定下面每个人负责的不良贷款户数与金额，把不良贷款总数及户数作为基数和分母，再把事后收回的不良贷款数作为分子，计算出收回率，以收回率考核各自的业绩，且奖金要向收回率高的人员倾斜。

个别银行对存款指标的考核也存在短期行为。存款科学的考核方法应该是按照日均存款额，这有利于减轻员工的工作累叠压力，也有利于银行资产借贷双向的稳定性，但是，银行存款考核往往偏重时点数，比如月底存款额、季末存款数等，这就会引导基层银行的注意力都集中在某一时点，从而忽视了非考核日期的存款量。每到月底、季末，基层银行就把大量的精力作用于一个小小的时点，同业之间展开激烈的存款争夺战，甚至同一支行不同网点之间的竞争也达到白热化，增加了内耗。

一位银行储户因为有一笔土地补偿款，成了银行的黄金客户，每到月末特别是到首季季末，银行营销人员就会一拨又一拨地来揽储，出于情面，她不得不把款项分几笔来存，尽量照顾到每家银行。不仅如此，最让她叫苦不迭的是一家银行不同的网点之间也来竞争，甚至出现这个月挪到这个网点，下个月挪到另一个网点的情况，她经常得

误区九：营销的目光只有五步之遥

把这"恼人"的钱提过来提过去，被弄得筋疲力尽。

这种竞争的结果一是让银行在社会上的形象褪色、信誉受损；二是时点数的增加，扩大了存款准备金的计提，直接影响了银行资产的再运用；三是存款的急促揽储激发了同业之间的恶性竞争，增加了基层工作的压力；四是增加了银行的营销成本。这些不正常的现象都属于经营中的短期行为，它源于不严谨的考核方法，源于不健全的考核机制，它的直接后果是减少了银行的利润收入，不利于银行的长期发展。

市场营销中的短期行为对企业的生存发展有着极大的危害性，企业必须增强市场观念，加强考核管理，克服市场营销的短期行为，正确运用各种营销策略，培育长远的发展潜力。

三

急功近利，只见树木不见森林

做生意需有一个长远规划，不能只盯着眼前的一点利益，缺乏远见，必将导致营销后劲不足。

出于城市的总体规划考虑，某市打通了一条城中村街道，街道的修通为这个村的村民带来了商机，他们纷纷开起了洗车行，不到半年时间，几乎建成了洗车一条街。常言说有同行无同利，经过一段时间后，大浪淘沙，有的车行越干越大，有的车行濒临倒闭，各商家起点一样，为何经营的结果迥异？这都归究于他们不同的营销策略。

洗车店甲生意不好，关门倒闭了，在关门之前出于诚信，把客户办理洗车卡的账户转给了洗车店乙，即把办理出去的洗车卡剩余金额进行了转让，由乙承接持卡客户的洗车业务。刚开始一段时间进行得还算顺利，洗车店甲原址张贴着已转让于洗车店乙的告示，持卡人也渐渐都知晓了到洗车店乙那里去洗车。可是没多久，洗车店乙就声称洗车卡作废了，说他们已与洗车店甲结清了账。由于持卡客户没有原来的洗车店老板的电话，洗车店乙又不肯提供，所以都表示怀疑，认

误区九：营销的目光只有五步之遥

为是洗车店乙在从中作梗。每来一位洗车的持卡客户，听说卡片作废都会与洗车店乙进行理论，洗车店门前经常是吵嚷声一片。如此不和谐的场面直接影响了洗车店的生意，那些原本在这里办卡的客户，在听了事情原委后，也赶紧想把手中持有的洗车卡用完，唯恐自己的卡片有一天也被作废。后来，洗车店乙也关门了，不用想，准是与它信誉垮塌有关。

再看另一家洗车店的做法。

洗车店丙生意萧条准备关门，把已办理的洗车卡用户转让给了洗车店丁，洗车店丁承接以后，热情地招待每一位持卡洗车人，这些被转让的持卡用户在虚惊一场后，更能体会到洗车店丁热情待客的温情，而且老板反复向持卡用户保证，卡片永远都不会作废。当这些持卡用户完完整整地用完了洗车次数后，确实感受到了洗车店丁的信誉，他们又纷纷在该店重新办理了洗车卡。洗车店丁热情周到的服务，既稳住了老客户，它的诚信又吸引了新客户，口碑一传十十传百，客户不断增加，后来又扩展了洗车位，增添了洗车工，洗车店的生意越来越红火。

这就是只盯着眼前小利与"放长线钓大鱼"两种不同的格局所带来的不同结果。那么，接下来，再看看"珍珍发屋"的兴衰会给人留下什么启示。

"珍珍发屋"是一个四川女孩开的，先理发，再干洗，然后让客人躺下来做头部按摩，这一套程序下来大约需要45分钟，她的手法娴熟，客人赞不绝口，她与两个帮工每天都是从早晨忙到深夜。慢慢地，口口相传，慕名而来的客户越来越多。但是人们也发现了一个问题，就是必须得有耐心，只要有顾客在理发，就得等待很长时间，每

营销进化
走出营销中的十大误区

天都有排队的人影在门口徘徊。

生意好顾客多,但这个四川女孩从来都是不急不躁,四平八稳地干着手头的活儿,任凭外边的顾客等待很久,也不会打乱手中的工作节奏。顾客长时间的等待,并没有让他们打退堂鼓另选他家,反而更吸引着他们执意要在"珍珍发屋"理发。等待的时间越长,越是说明她的服务耐心细致,等待的时间越长,越是让顾客的心"矢志不移"。

某一天,四川女孩因故要返乡,把店转让给当地的一个理发师,店名没有换,仍叫"珍珍发屋",当初生意的火红仍在延续。但随着时间的推移,人们发现顾客渐渐少了,最后发展到一天来不了两三个顾客。什么原因呢?服务变味了。接手的理发师看到客户络绎不绝,为了"提高"工作效率,加快了理发的速度,一套流程下来,由原来的45分钟缩短为不到25分钟,其目的是想多揽顾客多挣钱。但她失策了,原来四川女孩"推"都推不走的客户,被她这么一"揽"给揽丢了。欲速则不达,草率的服务留不住老主顾,"珍珍发屋"的生意衰落了。

这就是不同的营销理念导致了不同的营销结果,只顾眼前看不到长远,无论有多少商机也会被葬送。

四

利益重复收割成为营销的"篱笆墙"

顾客到饭店消费,如果要一盘菜,是不是需要收取青菜费、盘子使用费、凳子使用费、水费、电费?显然不是,商家会将这些费用分摊,打包核算,然后换算成一盘菜的价格,顾客只需一次付清即可。

某城市庄园,是该市打造的吃喝玩乐一体的休闲处所,但该园的经营方式实在不敢让人苟同。进大门,门票20元,进门以后,可以再领着孩子到各个游乐项目游玩。划船,按时间收费,一条船玩一个小时大概需要50元;摩天轮,15元/人次;碰碰车,10元/人次;动物园,15元/人。也就是说,如果带孩子去动物园,需要买两张公园门票、进去后再买两张动物园的门票,这种重复收费的营销方法实在让人费解。既然进园门票收过了,里边的项目就不应该再收费;如果采取分项收费的办法,就应该考虑到大门门票的重复购买问题,人们进入园区后,如果去游玩单项,就没有时间再浏览景区,两者不能兼得,门票自然也不能重复计收。

手机推送的广告,有的时间长度可达一分钟,想继续进行下一步

营销进化
走出营销中的十大误区

骤的操作，必须得耐心等下去，如果不想看广告，手机上也有提示：每月付费6元钱，可省去广告。自己花钱买的手机，费用月月照付，不想被广告打扰还得掏钱买自由，这就是典型的利益重复收割。

这样的重复收费，伤了客户的心，毁了商家的信誉。因为重复收费，降低了用户对商家的好感度，尤其是旅游景点，客户大都会选择"一锤子买卖"，只来一次，后会无期。如果商家选择了合适的收费方法，懂得"涵养"客源，也不至于门前冷落鞍马稀。

总是只看到眼前利益的商家，生意最终会走向穷崖绝谷，这绝非危言耸听。

五

营销有时是为了钩住"回头客"的心

把营销看成"一锤子买卖",不符合长期营销战略理念。销售人员一是要把心态放平,做成了买卖就当作是营销中的一个作品,买卖不成就只当作是营销中的一个节点;二是把营销看成一个事业,事业不能一蹴而就,需要时间与过程,每一个过往的客户,都是过程中需要"照顾"的芸芸众生之一。无论从心态上还是从销售行为上,作为营销人员都要付出真诚,营销有时就是为了钩住"回头客"的心。

比如,迎来送往是普通的社交礼仪,在营销中同样包含着迎来送往,代表了对客户足够的尊重。一些营销人员在"迎来"的行为中,主动热情无可挑剔,在"送往"时却非常草率,殊不知,"送往"中的营销含量要远大于"迎来"。也许"送往"中营销人员一个不经意的表情,就会把客户变成"冤家";也许"送往"中销售人员一句诚恳的话,就会把一个闲逛的顾客变成潜在的买主。

某客户在驾驶过程中,汽车故障灯总是亮,由于上班时间紧,没有及时找修车店检修。临下班时,他接到次日需开车跑长途的任务,急忙找到一个修车店，老板正在忙着手中的活儿，他问老板："有没有时间？我想修一下车。"老板说："今天没有时间了，天已黑了，这辆车还需要很长时间。"客户又问老板："我明天要跑长途，故障灯亮了，等回来再修碍不碍事？"老板说："那不知道，不看不好说。"他仍然只顾着忙自己手中的活儿，态度看起来很冷漠。

于是该客户又开车到另一家修车店，修车师傅也在忙，也是说让等明天再来，客户把自己的担心说给师傅后，修车师傅说没事，可以开，并耐心地把故障灯亮的几种原因做了分析，并预判出现的故障也许很简单。

两天后，客户出差回来，毫不犹豫地选择了第二个修车店进行了检修。

在商家的经营中，所呈现的买卖行为都是人的行为，人是有感情的，不能把商品销售看作一个简单静止的买卖，它也包含着感情因素，只不过是看不见摸不着的，潜藏在人的意识之中，它只适合"有心人"去把握。作为一个成功的营销者，就必须要做这样的"有心人"，在与顾客打交道的过程中，要让顾客记住你，记住你的店铺，记住你的商品。只有用心，才能让顾客"回头"。

误区九：营销的目光只有五步之遥 ▶▶▶

六

欲擒故纵，需放手时且放手

营销的商品不可能一定会有客户看中的，客户放弃选购是很正常的行为，营销人员对此一定要有正确的心态，不能"强制圈存"客户，如果过分挽留客户，不但起不到营销的作用，还会引起客户的反感。

一位顾客在试穿了商家的衣服后，感觉颜色不适合自己，便说"我转转再说吧"，转身要走，这时营销员急忙拿起衣服，追着顾客说："这挺好呀！很适合您，我看您穿上很好看的。买下吧，您走到哪里也找不到这么合适的衣服了，价钱也不贵。"看到顾客没有丝毫的表示，她急忙又拿出另一件衣服，"女士，您看这件行不，要不试试？"从营销员的表情上能看得出，她是极不愿意放过快到手的"肥肉"的。

这是一种很失败的营销方式。鞋子合不合适只有脚知道，客户是否愿意买只有她自己心里清楚，在顾客已决定放弃的时候，营销员说得再多也于事无补。尤其是有的营销员经常会说一句话，"请买走

营销进化
走出营销中的十大误区

吧，不满意可以拿来换"，这是营销中最忌讳的话语，它的潜台词就是"在我这里一定有你需要的商品"，这是多么武断的思维方式。让客户买走，不满意时再换就一定能找到满意的吗？

我们的营销行为并不是每一次都能得偿所愿，也许一些顾客在挑三拣四折腾了一阵后，并没有掏出兜里的钱，他们不想购买商品时会找出各种各样的理由，甚至于把商品本不是问题的问题"上纲上线"。这种"挑剔"，往往会让营销人员产生一种窝火的感觉。

一位顾客看了商家的裤子后，提出想试穿看看效果，营销员为其选了一个中号尺码的，他穿在身上试了试，觉得有点瘦，就让营销员再挑大一号的进行试穿，营销员翻箱倒柜又找了一条，他穿在身上试了试，还是感觉不理想，让营销员再找寻另一款式的裤子，拿出来后继续试穿，如此三番五次，忙得营销员汗流浃背。最后这位顾客却说："你们的衣服有毛病，不合大众体形。"营销员满肚子的委屈，又不能对着顾客发作。

面对这种顾客，不同的营销人员处理的方法不同，有些营销员在顾客走时一脸的不屑，甚至能让顾客明显感觉到其内心的不悦。但越是不想放手，越是留不住客人，反倒不如大大方方地把客人送走，临别的一句温暖体贴的话，也许会让顾客长时间地记在心里，也许有一天，顾客还会"回头"，到你的店里完成曾经没有完成的交易。

下面的两个事例，其营销效果就与前面的截然不同。

其一，某客户到一家五金门市买胶，想解决下雨时雨搭与墙面之间的缝隙位置渗雨问题。客户对胶的性能不太懂，问营销员有没有结构胶，营销员拿出一支结构胶递给了客户。客户把用途告诉了营销员，进行咨询，营销员说这种胶也能用，但性能不如软胶，不过现在

误区九：营销的目光只有五步之遥

没货了，随即她又告诉客户在哪里能买到软胶，并把具体位置指给了客户，客户心里感觉非常温馨。

其二，某客户家里有一小片墙面出现翘皮，到装修材料市场购买墙漆，到了某门市说明情况后，门市的营销人员告诉他，墙漆都是成桶卖，那一点翘皮不值得买一桶，鉴于您家墙上翘皮的位置比较偏僻，且面积不大，建议您买一点涂料或找一点墙粉补一补就行了，可惜我这里没有货，您可以到其他门市找一找或到哪个小区装修现场要一点墙粉。营销员几句贴心的话，赢得了客户的信任，从此只要他需要买装修材料都会先到这家门市。

再看一个买衣服的事例。

一位顾客来到一个大型商业大厦，看中了一件衣服，试穿后感觉稍微有点肥，但苦于号码不全，没有其他号码可供选择，她犹豫着想买下，这时店员说话了："姐，我觉得您穿上不合适，有点肥，建议您还是再看看其他衣服有没有适合的，如果没有，您就再到其他柜台转转，看有没有合适的。"

店员的几句话，就像一缕春风从顾客的心里吹拂而过，店员那美丽的笑容也长久地镌刻在顾客的心里，从此以后，这位顾客成了这个柜台的常客，她每次逛商场，都不会忘记拐到这家货柜前看看有没有自己想要的衣服，这个店员呢，见到这位顾客也从不去主动推销自己的商品，而是很客气地寒暄几句。这也是一种默契，是一种用信任建立起来的默契，这家店员把营销当作了一种艺术，用人格的魅力拴住了顾客的心。

放手是一种智慧，放手是一种策略，放手是一种格局，放手是一种魅力，这就是营销的艺术。

七

昨天·今天·明天

作为商家要正确处理好昨天、今天和明天的关系，它不是"昨天准备了一宿，今天上这儿来了，明天回去"这么肤浅，而是说经营要有长期打算，要有长远的眼光，在涉及眼前利益与长远利益关系处理的问题上，要从容大气，志在未来。

1. 鱼与熊掌不可兼得

做生意靠的是信誉，赢得的是名声，获得的是利润，可以说没有信誉就没有一切。信誉靠的是什么？靠的是货真价实，靠的是买卖公平与对客户和蔼的心态。急功近利不是营销的上策，只注重眼前利益的营销注定是"短命"的，要把眼光放长远，曾经的过去无论是辉煌还是惨淡都已成了昨天。如果昨天的生意风生水起，今天就要倍加珍惜，走稳脚下的每一步路，小心翼翼，谨慎经营，举轻若重；如果昨天的生意格外寥落，也不能气馁，要善于吸取教训，重整旗鼓，把握住现实中的机遇,从点滴做起,把蛋糕逐渐做大。

重庆的"李妹妹葱油饼"一度火爆网络,据说这位李妹妹的昨天也很不顺,在厄运中她敢于奋起,在生意上她敢为人先,用直播宣传招徕生意,展示生意中坚守的唯美信誉。她的手艺娴熟,非常吸睛,观看的网友经常达到十万人之多,她的摊位也成了网红的打卡地。关注的人多了,去吃饼的人多了,购买的人与观看的人互相促进,一天销售能达 400 张。网上消息说,有人甚至坐飞机专门到重庆去排队买她的葱油饼,不知道是不是有夸张的成分,但她的葱油饼已受到粉丝的关注与钟爱千真万确。从镜头上可以看到,面对那么多排队买饼的人,李妹妹没有在慌乱中丢失信誉,仍然把饼烤得焦嫩可口。她从不敷衍客户,为什么?是为了明天,为了明天的生意更火红。因为只有对客户真诚守信,才能吸引客户,留住客户。如果为了赶进度,草率打发客户,尽管会多卖出一些葱油饼,但渐渐地人们会发现饼的口感变差,来的人就会越来越少,而顾客一旦失去,再想唤回,难于上青天。

鱼与熊掌不可兼得,李妹妹深知这一点,她的眼光长远,把生意做活了,煎饼"煎"出的信誉稳如泰山。

2.懂得放长线钓大鱼

一个旅行团到菲律宾长滩岛旅游,他们刚登上岸,一群卖纪念品的小孩就迎面而来,他们拿出一些小饰品,操着生硬的普通话说"免费送给你"。看着这些小孩友好的态度,大家都接受了这些免费小饰品。之后,游客们对这些小孩产生了浓厚的兴趣,不由自主地走到他

营销进化
走出营销中的十大误区

们跟前,观赏他们贩卖的小饰品,看着看着,大家忍不住好奇,就纷纷下手买了不少的小饰品。其实游客们都明白,是这些小孩的"善举"赢得了他们的心,让他们心甘情愿地完成这笔交易。

同样的道理,小品《不差钱》中提到的英格兰打卤面,之所以卤不要钱,是因为商家断定了顾客吃卤一定要吃面,同时又给顾客一种错觉,商家收的只是面钱,比面更贵的卤却无偿赠送,顾客得了便宜,获得了心理满足,这实际上也是一种"放长线"式的营销。至于小品中演示的贪便宜顾客只要卤不要面,那只是个例。

作为一个营销人员,双眼不能只盯着客户的钱袋,恨不得把自己的商品举在头顶上来招揽客户,要懂得营销也属于英语语法里所说的"现在进行时"。一个好的营销员,从不急着吆喝自己的商品,而是想方设法营销自己,只有把自己营销出去,才能让客户对商品产生购买欲望。营销自己的方法就是获得客户的好感,这就要靠自己的悟性、观察和学习,营销员的一言一语、一举一动都会给客户留下很深的印象。客户购买冲动的产生有时很简单,就是在一瞬间做出的选择,这种心理可能连客户自己都不明所以,但实际上这往往是营销人员营销的结果,让对方不知不觉地落入了自己的"圈套"之中。品牌的亮度、质量的优劣、价格是否亲民等这些商业元素是客观固定的,比如同样档次的品牌也许人们早已熟知,对于绝大多数的顾客来说没有多少新的兴奋点,质量与价格也都得遵循常规的路数,只有在运用不同的营销手段上有很大的发挥空间,这就要靠众多的营销人员用活自己的营销"本事",八仙过海,各显神通。

需要注意的是,商家营销策略运用的"灵验",并不都是在一瞬间的爆发,而大多是在营销过程中就"埋下"了走向成功的伏笔,平时赢得的信誉、积攒的人气等，都可能钩住顾客的心，会让顾客日后自觉或不自觉地来到你的门店进行消费。同样的门店同样的柜台，客户之所以买此不买彼，不都是归于偶然，只是这个必然性隐藏在无形中，客户之外的人看不见摸不着罢了。因此，营销人员要学会做着今天的生意，揣起明天的胸怀。

误区十:
错把客户当作上帝

在商业领域，买卖双方相互依存，无论缺少了哪一方，商品交易都无法完成。如果过分地强调某一方的尊贵，买卖的天平就会倾斜。

误区十：错把客户当作上帝

一

把客户当作上帝，上帝也会被惯坏

在买卖过程中，买卖双方通常都会遵循约定俗成的交易规则，各取所需，相安无事。但对卖方来说，对客户的维护与对利益的守护似乎又形成了一个矛盾体，商家在这个矛盾体中需要把握运作分寸，兼顾利益与客户，这也是一种平衡。而一旦这个矛盾体的平衡被打破，就会为自己的营销工作留下各种后患。

打破平衡的因素很多，其中最典型的就是把客户当作上帝的经营思维。如果买卖中的一方有意识地抬高对方，对方就会下意识地审视自己的"尊贵"地位是不是名副其实，他们可能并不满足于只停留在表面上的"口惠而实不至"，而是需要真真切切地将商品折扣一打再打，当他们从主观上认为自己没有以较少的钱得到更多时，心理就会失去平衡。在这种情形下首先出问题的显然是客户，客户总感觉心愿未达，为此想找一个发泄的出口，避免不了就做出出格的事情。而商家作为卖方，又总想着维系客户，怕客户流失，于是对客户百般迁就，商家的这种"纵容"又进一步助长了客户"变本加厉"的心理。

营销进化
走出营销中的十大误区

如果买卖双方处于平等的位置上，一旦产生矛盾，就可以简单明了地予以修正。比如，一位顾客在与卖服装的个体商户的交易时受阻，他们会依据自己的方法来处理，且使用的手段非常直接、简化，只要一方不采用极端手段使矛盾升级，就无须借助第三方介入。但如果存在双方地位的不对等，一方处于公认的弱势地位时，情况就变得复杂化了，比如自然人作为买主面对大型商家的时候，遇到事情就会以弱势群体为由，向具有管理权的第三方进行诉求，最后往往以商家告饶而终结。

在这里并不是偏袒买卖的任何一方，因为每一个自然人都可能处于卖方与买方的相互转换中，这种角色的转变，就像对交通规则中是人让车还是车让人的问题的讨论一样，有时人们的心理倾向是把自己放在司机的位置，有时又把自己看作过路的行人，开车与步行只是一个自然人的两种状态。

商家无论是在口头上或是在实际经营操作中，一旦把客户当作了上帝，可能有些客户就会想着挣脱买卖行为法则的约束，买方与卖方在商品交换的过程中形成的和谐就会被打破。

在某宾馆，新入住的客人在烧水壶里发现了退房客人使用过的纸巾。这时，谁将为这种行为"埋单"？很显然，不是宾馆，也不是服务员，对于他们来说，只是增加了一部分清理工作而已。"埋单"者是谁呢？是后来新入住的客人。因为发现了这个"埋汰"的水壶，已经极大地影响了客人的舒适感，即使服务员为他更换了水壶，也在他的心里留下了阴影，更何况宾馆也不会把水壶就此扔掉，只是让服务员进行了刷洗，但怎么刷洗，可能也洗不净客人被"埋汰"的心。

如果宾馆不追究像这样的"匆匆过客"，是果真把客户当作上帝了，但这就存在一个问题，宾馆把退房的客人当作上帝，那又把后来的客人放在什么位置，也把他当作上帝了吗？显然没有，在生意场上，这是不公平的。但如果商家把所有的客户都当上帝看待，势必会顾此失彼，很难维持他们之间的消费权力均等。生意场上也有规则，所谓把客户当作上帝，实际上是凸显了对规则破坏者的包容。

二 把客户当作上帝是一个伪命题

无论从哪个角度来看，把顾客当作上帝都是一个伪命题。尽管有些商家把客户奉为上帝，但在营销过程中会发现，把这个虚幻的帽子送给客户，客户往往并没有如获至宝，甚至还会不屑地弃之如敝履，"上帝"这顶桂冠并未受到客户的青睐。

客户的购买行为是根据自己的意愿产生的，起决定性的不是外力作用的结果，营销的推力只是一个辅助，单从营销的外力角度上来看，所用的营销手段也许能够让客户产生购物欲望，但把客户当作上帝不属于营销策略范畴，它在营销中发挥的能量微乎其微。这只是一个凭空捏造的幌子，看不见摸不着，不仅客户不买账，就连营销者自己从内心也不看好，他们只是迫于约定俗成的惯性，来勉强为客户加上这个虚无的光环。

1. 买卖双方是平等的

买卖双方是平等的，不存在一方对另一方的施舍，他们看中的一是金钱、一是商品的使用价值，双方各取所需。如果买卖之间没有相互的利益作为链条，也就不成其为买卖。如果没有商品的使用价值，也就产生不了商品交换的内动力，商家作为卖方，总是努力使利益最大化，希望把自己的商品卖出一个好价钱，不可能按照买方的意愿进行定价；买方的目标则是用较少的钱办更多的事，总是想方设法让商家打折，用少量的金钱购买性价比更高的商品。要想使生意最后成交，买卖双方必须找到最佳的平衡点。很明显，从商品价格的博弈上可以看出，商家也不可能把客户当作上帝，因为他没有那样慷慨。

反过来，从客户的思维角度来说，也不可能把自己当作上帝，认为自己与商家相比高人一等。商家放下身段的迎合奉承，其实并不符合客户的心理预期，人的思维惯性会左右其对某些反常举动的臆测，商家如果像乞求上帝保佑一样乞求客户购买，只能让客户生疑，认为商家在交易中暗藏玄机。因此，把客户当作上帝来营销，有时不但不会有丰厚的回报，可能还会适得其反。

2. 买卖双方是以需求为纽带

从交易的意愿来看，作为卖方，当然希望把需要售卖的商品兜售出去，而作为买方，在交易过程中也在揣摩对方的心理，从对方心理的表现与变化来估算出手的时机。双方在讨价还价中总想拿捏住对方的"命门"，在这样的情形下，卖方还敢不敢把买方当作上帝？很显

营销进化
走出营销中的十大误区

然，交易就是买卖双方的博弈，客户是商家获取利润的渠道，商家是买方满足消费需求的所在，两者之间是金钱关系，谁也不可能是谁的"救世主"。

如果买卖双方没有需求作为纽带，商品交易就不复存在。买卖双方互为依存，商品交换无时不在，双方既有抗拒的动机，各自又有相互需求的利益链，买卖双方关系的微妙，像飘移的云彩沉浮掩映，又像断开的藕仍然有千丝万缕的牵连。

市场行情不看谁的脸色，而是受供需量的影响，供需量是卖方提供的商品量与买方需求的商品量，市场行情受制于以上两个量的变化。如果是买方市场，卖方受经营规则的制约比较明显，如果是卖方市场，则容易产生市场乱象。

某省会城市的火车站前有一条小吃街，街的两旁都是一些大排档，吃饭的人大都是赶火车的旅客，在这里匆忙就餐，匆忙离去。由于是铁路枢纽要冲，在此上车转乘的旅客人山人海，大排档的生意异常兴隆。有两个旅客浏览了这些菜品以后，发现餐盆样品量很足，价格也不算贵，就点了两个砂锅，等了片刻砂锅上桌，顾客一看傻眼了，实物与样品差别太大，这明显有点儿欺客。

旅客都是外地人，不好发作，耐着性子问："老板儿，你摆放的样品挺像模像样的，为啥做出来就这么一小半碗？你这能留住回头客吗？"

只见老板不耐烦地说："还回头客呢！头一次来的人还招待不过来咧！"

是呀，这么多人来吃饭，老板哪顾得上你的心情是晴是阴，你不吃有人吃！这哪里还有上帝的存在！

误区十：错把客户当作上帝

在商品交换中，不存在谁是上帝，谁是芸芸众生，买卖只需要讲究规则。游戏有规则、国际交往有规则、夫妻相处有规则，商品买卖同样有规则。规则充斥于人们生活中的每时每刻，规则充斥于人们生活中的角角落落，无规矩不成方圆，没有规则，哪来的生意顺畅？如果把客户当作上帝，规则就不存在，上帝是游离于社会之外的神，上帝可以为所欲为，如果把客户当作上帝，商品交换将失去了秩序，市场将无规则可守。

营销进化
走出营销中的十大误区

三

是谁把银行拉下了神坛

在电影《夺命枪痕》中，有一个年轻警察在弹痕研究室跟着师傅——弹痕研究专家学习识别弹痕在涉枪案件侦破中的应用，他感觉当警察辛苦，钻研枪械更是枯燥无味，于是托关系进入银行工作，他就要离别公安队伍的时候，跟师傅说："我爸把我安排到银行了，明天上班。"师傅听了后，回答说："看来你本事大得很哟。"出于对徒弟不争气急着"攀高枝"，气得把桌子上的东西都摔了。

但时至今日，银行工作已不再是年轻人择业的首选。三十年河东三十年河西，银行失去了缠绕在其头顶上的光环，那么，是谁把银行拉下了神坛？

首先是竞争问题。

商业银行之间的竞争，在所有的行业里边可能是最激烈的，原因是各商业银行经营的产品大同小异，不像其他行业。商场之间虽然有竞争，但商品的卖点不尽相同，同样的商品，厂家不同、价格不同、质量不同、款式不同，这些都注定了它们的竞争不至于白热化，不同

误区十：错把客户当作上帝

的商品不同的使用价值决定了客户的不同需求，需求的刚性又相对降低了竞争激烈的强度。银行的产品营销则与此迥异，它们的产品基本上都是在国家统筹的框架下出台的，对客户来说，无论哪家银行的产品都差不多，选择哪家银行也大都是根据自己的喜好来决定，银行产品的共性为客户留下了极大的选择空间。

如果商业银行只有一家，或者每家银行的业务各有偏重，竞争也就不会如此残酷，也就无须为竞争投入不菲的营销成本，但这种假设几乎不存在。随着经济改革开放，银行经营体制的转型，为争夺客户资源，在金融领域出现了全面竞争的局面，且越是竞争，客户的心理期望值越高，对竞争主体越有讨价还价的资本。

某商业银行在对一家有限公司进行营销时，特意为其腾出一层办公楼，在大院里划出专享停车位，该公司私下里却又与另一家商业银行眉来眼去，暗送秋波，这家银行付出这么多的努力、这么大的代价，最后并没有收获多少存款。

而这样无休止的竞争不仅仅发生在外部，在各商业银行内部不同机构之间也在不间断地进行着争夺客源的较量，这当然也涉及考核机制的问题。各个营业机构为了顺利完成经营目标，也不再顾及对手是外部的同业还是内部的网点机构，只要能抢到客源即可。在这种经营环境下，客户对银行的要求也越来越高。

其次是考核机制问题。

拿存款来说，考核任务越来越繁重，工资与存款任务完成情况挂钩，迫使基层银行营销人员在揽储上不断地深挖潜力，由于银行揽储业务的公开性与透明性，客户已彻底掌握了银行营销人员的底牌，他们会以此"要挟"营销人员，或明或暗地提出各种苛刻条件。银行营

营销进化
走出营销中的十大误区

销人员为了达到业务目标，只能一再让步，这种让步又让客户尝到了讨价还价的甜头，循环往复，使客户养成了居高临下的心态，以至于狮子大开口。

拿贷款来说，多年以前，由于考核机制不健全，缺少内部制约机制，让一些人"有机可乘"，所以银行成了当时客户心中的"香饽饽"。经过近些年的制度完善与创新改革，银行业务的操作流程逐渐规范，一些制约机制逐渐建立起来，客户真正理解了贷款就是身上背负了终将要归还的债，因此情况发生了转变，原来贷款是客户求银行，现在是银行求客户。某商业银行为了发放一笔贷款，一把手、二把手亲自出马，到某大型企业进行营销攻关，为了见到该企业领导，在办公楼大厅里坐等两个小时。事后的职工大会上，银行领导说起此事几乎要委屈得掉眼泪。

既然银行争先恐后地来"营销"贷款客户，客户也就把向银行贷款看作是对其的"关照"，长此以往，客户的心理发生了变化，他们不再把银行贷款看成"恩惠"，他们非常清楚贷款需要支付利息、归还本金，不然就要背负不良征信记录，毁损自己的信誉，影响生活的方方面面。基于这种心理，他们会对银行挑剔有加，银行工作的任何瑕疵都会被客户"揪辫子"。

银行被拉下神坛，有其固有的短板，也有其深层问题，而究其最直接的原因，还是把客户放在了一个错误的位置上。客户不是上帝，非要把客户放在上帝的位置，相当于把客户放在火上烤，不是把客户"烤死"，就是让客户把火浇灭。

四 商品买卖中没有"上帝"插足的空间

商品买卖中一般包含金钱、商品（服务）、商家与客户四个要素，买卖的过程是讨价还价，体现的准则是公平交易，如若里面有第五者"插足"，哪怕它只是一种思维理念，商品交换的平衡点也会被打破。商品经济是在一种自然的平衡中发展的，如果失去平衡，就不可能有持久的动力。

1. 讨价还价中根本没有"上帝"的影子

人的身份具有多重性。当商家作为自然人时，他可以很慷慨地向你赠送他想赠送的任何物品；而当他作为商人时，可能马上就会斤斤计较起来。

某位游客来到一个山区的农村集市上，与卖柿子的老汉攀谈，夸老汉的柿子与众不同，从外观上就能看出来比平原上的好吃，卖柿子的人不声不响地拿出一个柿子，免费让游客品尝。这个游客回去告诉了他的同伴，夸赞柿子就是与平原的不一样，口感特别好。同伴听了也去问："给你一元钱，能不能卖给我两个，让我尝尝？"卖柿子的老汉扭头看了看来人，断然说道："不行，一元钱不值当卖！"

在销售商品时，无论是卖方还是买方，双方都是以成交的目标在讨价还价，但各自都有一个交易底线，也就是商品卖出方与商品购入方的最低期望值，这个期望值的标杆是买卖中自己没有吃亏。这个底线他们不会轻易突破，讨价还价中考虑最多的还是获利，不可能因为你购买的商品量大而无限让利，也不可能因为你财力不足就低于市场价格出售。在商品买卖中如果很轻易地流露出示弱的心态，不仅不会为自己带来太多的关照，反而很容易被"榨油水"。

早市上，一个晨练的人转悠着想买点菜回去，他突然发现，在一个不起眼的地摊旁，蹲着一个老太太，穿的衣裳有点破旧，满头银发，一脸的慈祥。这么大年龄还出来摆摊，而且整个早市上只有她用的是老式木杆秤，晨练的人不由得心生怜悯。他走向老人，问了价格后，挑了一袋菜让老人过秤。在计算金额时，老人立马露出了那种商人的精明，神态与语气与刚才蹲在地上时判若两人，晨练人心中的那几分怜悯顿时荡然无存。回到家里，他再次把菜过秤时发现，分量足足少了二两。

老太太首先是一个商人，其次才是一位老人。无论是卖方还是买方，在商品交易中，只有利益的"金銮椅"，没有"上帝"的立锥之地。

2. 要让客户明白自己只是一个普通消费者

某商业区由于受疫情影响，许多商户退场，造成大量商铺闲置，在这样的形势压力下,房东纷纷降价出租,正在经营的商户看到其他商铺租金降低,开始打起了挪窝的主意,租期到期的就换一家租金低廉的商铺经营,没有到期的甚至宁愿支付违约金也要搬迁。房东了解情况后,就许诺租户赠送租期或减少房租,房东之间开始竞相降租,各个租户开始联合压价,最后发展到一些商铺甚至贴出告示免费使用,只需交物业费就行了。

其中一位租户与房东的关系本来特别融洽,趁着这个契机,他也开始向房东压价。房东看在多年的租借关系上,在租金上做了大幅度的让步,可是租户还是不满足,又要求签订新协议,规定在十年内不得上涨租金,并称别的商铺主动与其商议并开出了非常诱人的条件,如果不满足要求,他就要挪窝。房东不同意,他也就真的挪窝了。

在生意场上,不要说把客户当作上帝,即使把他当作亲人,他也只会逐利而去。你把他抬得越高,他会把你踩得越低。

作为商家,不要奢望每一位客户都是为了照顾生意而来,也不要期待一个消费者能带来多么丰厚的利润,客户只是为寻找商品的使用价值而掏腰包,消费者为商家带来的也许是机会、也许是失望,他们要对支付与需求两方面进行权衡,商家营销是为了收入,消费者追求的目标同样是利益。鉴于这样的经济公式,商家应该保持一个平常心,像京剧里的唱词一样,"相逢开口笑,过去不思量"。买卖之间的确不能掺杂太多的感情色彩,如果一方对另一方"感恩戴德",势必会让另一方心存疑虑。要让客户明白自己只是一个普通消费者,"上帝"的称谓是多余的加冕,在生意场上还是不要节外生枝。

3. 让对方明白交易"不差你一人"

让对方明白"交易不差你一人",这也是一种销售的心理战。卖家千千万,买家也"不差你一人",如果为了达成交易过于心切,反倒会被对方拿捏住时机,使营销陷于被动。

当面对客户的购买选择或讨价还价时,要沉得住气,在这个节骨眼上,你越是把客户当作"救星"一般,着急成交,他越是会按兵不动,不买你的账。因此,要让对方知道自己还有其他的客户,不差你一个,如果你不买,我可以卖给别人。一方持有的多项选择,是向对方施压的有效工具。

五

把客户当作朋友才是"人间正道"

买卖是你情我愿的事,卖与不卖是商家的权力,买与不买是客户的自由选择,任何一方都不是另一方的神,非得供着。"买卖不成仁义在",把客户当作朋友,又有何不可呢?

客户希望的是商家周到的服务与商品的货真价实,用那种虚无缥缈的"高帽",诓哄不了客户的心,客户需要的是朋友般的真诚,他们想用手里的金钱带来等价的商品与服务。而且,把客户当作朋友也容易让人接受,营销人把客户捧得再高,客户也不一定买账,反而会让客户从思想上对商家产生一种距离感。

"先生,您看房子吗?"

"哥,您想看什么款式的衣服?"

"先生"与"哥"两种不同的称谓彰显了不同的社交距离,距离感的强弱又带来了两种不同的效果。有些称谓看起来"高大上",可是不一定能被社会大众所接受;有些称谓很亲和,会让客户从心底感到温暖,能够拉近与客户的距离。如果商家把客户当作朋友,买卖在

营销进化
走出营销中的十大误区

谈笑风生中就可完成。这就是把客户当作朋友的力量，价格的博弈只是商品交换中的一个技术手段，它不伤及感情，不是买卖的全部。

每一个客户都是抱着消费的诚心而来，如果商家摆放的商品没有客户相中的，不是客户的眼光有问题，而是商家没有能够满足客户的愿望，没有切中客户的欣赏点，因此不能把过多的遗憾强加在客户身上。只有在这种心态下，商家才能以欢颜相迎、以笑脸相送，朋友不挂在嘴边，情谊在不经意之间流露，恰如其分的待客之道，会添加营销者的服务分值，在客户心中烙下深深的印记。

把客户当作上帝，客户不会买账；把客户当作朋友，会获得客户的认同感。人是有感情的，在商品营销中，人的感情能量是促成交易的加分项。

一对夫妻在商场选购衣服，女顾客把一件的衣服价格从450元直接压到300元。

"不可能的，姐，真的不可能。"营销员急忙摇头，无奈地笑着，看似讨价讨过了底线。她拨弄了一会计算器，抬头看了看女顾客，又说："最多只能打9折，405元。"

女顾客说了一通套近乎的话，并拿出手机，"来，妹妹，我们加个微信，交个朋友，以后有什么事可以互相帮忙。"

营销员加了微信后，有点难为情地说："姐，那也真的降不到300元，那样真的就赔了，这又不是我自己的生意。"

这时男顾客说话了，他装模作样地责备妻子："你咋回事呀，人家小妹妹说了这样会让人作难，你都不能再加点钱？"

女顾客说："这样吧，我再加50元，按350元。"

男顾客扫了一眼营销员，发现她的脸上还是没有笑意，立即说：

"不行，50元太少，加80元。"

妻子假装不高兴，男顾客却像裁判一样地做出了决定："好了，我做主，380元。"

营销员迟缓了一下，拿出衣服，悻悻地说："哎，交姐这个朋友真不容易，那就这样吧。"

顾客满意地走了，营销员笑了，皆大欢喜。从此，夫妻二人真的成了这里的常客。

现在，哪个人的手机里也不缺各种各样的营销群。有的是旅游性质的，像旅游户外群、红色旅游群、旅游俱乐部等，群里都是"虚拟的朋友"，经常有旅游的信息发布，若想报名只需报上网名、人数，付款后听通知，简单便捷。到了时间，汇集上车后，由于大家都在微信群里，相互之间似曾相识，有的虽是初次见面，也像久别重逢的好友一般。导游特别亲切，游客又容易召唤，彼此缺少了一般旅游团里的陌生感，大家一路歌声一路笑，其乐融融。有的是运动性质的，例如××健美户外群，本来是一个跳健美操的人发起的，把一些跳健美操的伙伴拉进了群，也许"健美操"这个符号比较亮眼，吸引了大批客户进群，没过多长时间，容纳500人的微信群爆满，又扩展成××健美户外一群、××健美户外二群……这种营销形式之所以容易成功，最核心的原因是无论商家还是消费者都以朋友相待。

请把"客户是上帝"的陈旧观念扔掉，做客户的朋友吧！这两个字真的很有诱惑力。

后　记

　　营销工作所涉及的营销者和客户，并不是特指固定的群体，在此时此地的营销者，在另一个时日另一个环境下可能又转变了身份，成为一个客户。我们每个人都有着身份的双重性。本书所描写的营销者和客户，只是每一个自然人在不同的时间段不同的环境下所处的不同状态、扮演的不同角色，所以，在阅读本书的时候，无论你是营销者还是消费者，都不要从固定的角度来对照，因为谁都不敢断言，自己永远会处在营销与消费两者中的某一个层面。

　　同时，无论本书选取的案例是褒扬还是贬斥，也并不是针对某些人，而是通过描绘社会大众处于营销或消费不同状态下的特定行为，旨在揭示营销工作中固有的规律性，让大家在商品买卖中少走弯路。希望本书能成为您的一剂苦口良药。